다름이 행복이 되는
행복치유

다름이 행복이 되는
행복 치유

초판 1쇄 발행 2020년 5월 21일

지은이 송준용, 유미녀
펴낸이 장길수
펴낸곳 지식과감성#
출판등록 제2012-000081호

디자인 최지희
편집 최지희
교정 정은지
마케팅 고은빛

주소 서울시 금천구 벚꽃로298 대륭포스트타워6차 1212호
전화 070-4651-3730~4
팩스 070-4325-7006
이메일 ksbookup@naver.com
홈페이지 www.knsbookup.com

ISBN 979-11-6552-098-4(03330)
값 18,000원

ⓒ 송준용, 유미녀 2020 Printed in Korea

잘못된 책은 구입하신 곳에서 바꾸어 드립니다.
이 책의 전부 또는 일부 내용을 재사용하려면 사전에 저작권자와 펴낸곳의 동의를 받아야 합니다.

이 도서의 국립중앙도서관 출판예정도서목록(CIP)은 서지정보유통지원시스템
홈페이지(http://seoji.nl.go.kr)와 국가자료공동목록시스템(http://www.nl.go.kr/kolisnet)에서
이용하실 수 있습니다. (CIP제어번호 : CIP2020014045)

홈페이지 바로가기

다름이 행복이 되는
행복치유

송준용·유미녀 지음

"송준용, 유미녀 상담학박사 부부가 이야기하는"

행복한 부부, 행복한 자녀의 삶을 살기 위한
예비 부부, 청소년이 읽어야 할 필독서 행복학개론
다름을 인정하는 순간이 행복의 순간이 된다!

프롤로그

〈블랙독(Black Dog)〉이라는 드라마가 방영된 적이 있다. 블랙독증후군이라는 말이 있는데 검은 색을 가진 개의 입양을 기피하는 현상을 말하는 것으로, 실제로 유기견 보호소에는 털이 검다는 이유로 입양이 잘 되지 않는 개들이 많다고 한다. 그래서 사전적 의미는 '검은 개'이지만 '우울증', '낙담'이라는 부정적인 뜻을 담고 있기도 하다. 즉 인간의 편견이 부른 '소외'와 '차별'을 보여 주는 단어이다. 우리 사회의 이슈는 다름을 어떻게 볼 것인가이다. 다름을 인정하지 않고 '틀렸다'라고 생각하는 순간 비극은 시작된다. 미국의 인종차별이 심할 때 아메리칸 대륙의 원주민과 흑인들은 백인들에 의해 학대받고 노예로 전락되어 고통을 받기도 했다. 지금 또한 우리 사회에 만연되어 있는 차별에 의한 폭력과 그로 인한 고통은 민족에서 작은 사회인 가정까지 어려움에 처하게 하고 있다. 이처럼 우리가 사는 곳곳에는 서로가 다르다는 이유로 다양한 현상들이 일어난다.

부부간에도 예외는 아니다. 처음에는 남녀가 내가 갖고 있지 않은 다름의 이유로 끌리게 되고 그것 때문에 선택해서 사랑에 빠졌다가 결혼 후에 점차 서로의 차이 때문에 불편해지기 시작한다. 리더십이 강해서 매력에 빠졌는데 너무나 일방적이고, 타협이 없는 성격 때문에 숨이 막혀서 못 살겠다고 불만을 토로한다. 또는 순수하고 온순한 성격 때문에 좋아해서 결혼했는데 나중에는 속이 터져서 못 살겠다고 불만이다. 결국 우리는 배우자에게 실망을 하게 되고 더 깊어지면 분노까지 폭발하게 된다.

대부분 부부들이 겪는 일상의 어려움에 대해서 상담한 많은 경험을 통해서 부부뿐만 아니라 자녀를 양육하는 데 필요한 내용들로 구성하여 소중한 길잡이가 되었으면 하는 마음에서 이 책을 출간하게 되었다.

이 책은 1, 2, 3장으로 구성되어 있으며, 1장은 부부 편, 2장은 자녀 편, 3장에서는 부모 자녀 편으로 구성하였다. 1장 부부 편에서는 7단계로 나눠서 단계별 문제와 부부 갈등 문제를 해결해 나갈 수 있도록 구성하였다. 첫 번째 단계를 다름에 대한 끌림으로 설정하고, 이는 다르기 때문에 서로에게 끌려서 선택하는 단계로서 첫인상이나 첫눈에 반했다든지, 첫사랑, 첫 느낌이 끌리게 된 이유를 이마고 원리로 살펴보고 콩깍지가 씌었다가 벗겨지면서 불만과 실망이 들게 되는 과정을 이야기하였다. 두 번째 단계는 다름에 대한 부딪힘으로, 부부 사이에 충돌이 일어나고 점차 시선을 회피하면서 모든 면에서 회피하려는 마음이 작용하며 결국 싸움은 피하려고만 들고 서로가 침묵하게 되는 과정을 이야기하였다. 세 번째 단계는 다름에 대한 알아감으로서, 배우자에 대한 삶의 여정을 탐색해 봄으로써 자라 온 환경과 상처 그리고 배우자의 삶에서 나타나는 특징들을 알아갈 수 있도록 구성하였다. 네 번째 단계는 다름에 대한 받아들임으로, 배우자와 나는 다르다는 것을 받아들이고 공감과 지지 그리고 칭찬을 함으로써 부부가 서로에 대해서 수용하는 단계를 이야기하였다. 따라서 수용적 공감과 지지를 통해서 칭찬과 격려를 하게 된다. 다섯 번째 단계는 다름에 대한 마주함으로, 배우자가 나에게 맞추도록 강요하는 것이 아니라 상대방에게 나를 맞춤으로써 희생하고 미안합니다, 사랑합니다, 고맙습니다(미 · 사 · 고)를 통해서 관계를 회복해 나가는 과정을 이야기하였다. 여섯 번째 단계는 다름에 대한 보듬음으로, 상대방의 감정과 표현을 보듬어 안아 주기를 통해서 안정감과 평안함을 상대에게 갖게 하며 부부가 회복되어 가는 과정을 이야기하였다. 마지막 일곱 번째 단계는 '다름에 대한 인정'으로서 퍼스낼리티(personality)를 인정하고, 자신에게 용기를 부여하며, 배우자에게 용기를 줌으로써 어려움을 극복하고 부부가 더욱 긍정적인 방향으로 나아가는 길을 이야기하였다.

2장은 자녀 편으로 자녀의 성장 과정에서 발달 단계별 특징과 다름에 대해서 살펴보았다. 첫 번째, 청소년 욕구와 성장 사이의 다름을 이해하기 위해 착한 아이 콤플렉스로 인해 칭찬과 인정에 목마른 자녀 심리는 무엇인가, 행복 호르몬은 무엇이며, 인간의 기본적인 욕구가 무엇인지 살펴보았다. 두 번째, 질풍노도의 시기의 특징과 에릭슨(Erickson)의 심리사회적 이론을 통한 인간의 전체 발달 단계별 과업과 특징을 그리고 자기 개념의 발달에 대해서 기술하였다. 세 번째로 사춘기 자녀의 특징과 다름을 이해하기 위해서 신체적, 심리적, 행동적 특징에 대해서 살펴보았으며, 네 번째로 청소년기 특징과 다름을 이해하기 위해서 청소년기 특징인 자아정체성, 자아존중감, 행복한 삶에 대해서 기술하였다.

3장 부모 자녀 편에서는 첫 번째, 부모의 양육 태도와 자녀의 감정 코치법 방식에 따른 자녀 양육 패턴에 대해서 다루었으며, 두 번째는 자녀의 성장 단계에 따른 감정 코치법을 다루었다. 그리고 자녀의 기질별 성격에 맞는 부모의 양육 패턴이 중요하다는 것을 기술하였다. 세 번째는 영유아 발달 단계별 부모의 양육 태도와 자존감과 자아정체성 형성에 따른 아동기에 필요한 단계별 특징과 청소년기의 올바른 이해에 대해서 다루었다. 네 번째는 행복은 오는 것이 아니라 만드는 것이라는 사실에 대해 이야기하였다. 가족 내에서 다름의 경계 허물기로 경직된 부부, 부모 자녀 관계에서 가족 간 벽 허물기 그리고 요리에서 레시피가 있듯이 욕구를 해결하기 위한 행복 레시피를 다루었으며, 가족 내에서 부부와 자녀간 행복 치유에 대해서 기술하였으며, 작고 소중한 나의 행복을 위한 실천으로 N타임을 실천하며 살아 볼 것을 제안하였다.

이 책은 부부의 특징을 이해하고 부부로서 존재가치와 다름에 대해서 알아가는 단계별 내용을 기술하였다. 이는 부부로서 함께 가정을 이루고 살아가는 나의 삶의 이야기이면서 우리 주변의 현대를 살아가는 모든 부부와 자녀의 이야기이며, 다름에 대한 새로운 인식으로 전환하고자 노력하는 모든 사람들의 이야기이기도 하다.

• Contents •

프롤로그 4

부부편
1장 부부의 다름의 美學 행복한 부부로 살아가기 위한 7단계

첫 번째 단계 | 다름에 대한 끌림 17
1. 첫인상 17
2. 이마고에 끌려서 19
3. 콩깍지 신드롬 21

두 번째 단계 | 다름에 대한 부딪힘 25
1. 콩깍지가 벗겨지며 25
2. 시선 피하기 29
3. 갈등을 직면하기 31

세 번째 단계 | 다름에 대한 알아감 37
1. 서로에 대해서 들여다보기 37
2. 상처를 치유할 수 있는 용기 40
3. 부부 리커버리 43

네 번째 단계 | 다름에 대한 받아들임 49
1. 배우자와 나는 다르다 49
2. 감정 속으로 들어가기 52
3. 칭찬과 춤추기 55

다섯 번째 단계 | 다름에 대한 마주함   61
1. 상대방에게 나를 맞추라   61
2. 희생하기   64
3. 미·사·고   66

여섯 번째 단계 | 다름에 대한 보듬음   75
1. 스킨십으로 보듬기   75
2. 마음으로 끌어안기   77
3. 부부의 성을 반드시 회복하기   79

일곱 번째 단계 | 다름에 대한 인정   85
1. 퍼스낼리티의 다름을 인정하기   85
2. 나에게 용기를 주자   87
3. 배우자에게 용기를 주자   89

자녀 편

2장 자녀의 다름의 美學

첫 번째 | 청소년 욕구와 성장 사이의 다름을 이해하기   97
1. 착한 아이 콤플렉스   97
2. 행복 호르몬   99
3. 욕구 사다리   101

두 번째 | 발달 특징과 다름을 이해하기   105
1. 질풍노도의 파도타기   105
2. 자기 개념의 발달   109
3. 자녀들은 부모의 거울이다   112

세 번째 | 청소년 발달 특징과 다름을 이해하기   125
1. 엄마 겨드랑이에 털 났어요   125
2. 편견이 불안을 만든다   129
3. 뇌 성장에 주목하기   131

네 번째 | 청소년기 발달 과제와 다름을 이해하기   135
1. 나는 누굴까   135
2. 나의 가치는 뭘까   137
3. 행복한 삶을 위한 청소년 과제   139

부모 자녀 편

3장 부모의 양육 태도가 자녀의 감정을 다르게 만든다

첫 번째 | 부모의 양육 태도와 자녀의 감정 코치   **147**
1. 자녀의 감정을 무시하는 부모   148
2. 자녀의 감정을 비난하는 부모   151
3. 자녀의 감정을 표현만 하게 하는 부모   154
4. 자녀의 감정을 표현하고 해결하게 하는 부모   156

두 번째 | 자녀의 감정을 코치하는 법   **163**
1. 즉각적인 반응과 관심 보이기   163
2. 아이의 상상력에 날개 달아주기   167
3. 자녀의 기질별로 다르게 반응하기   171

세 번째 | 자녀의 다름을 제대로 이해하기   **177**
1. 숨은 나를 발견하기   177
2. 중2병 버티기   180
3. 상상적 청중과 주인공   182

네 번째 | 행복 치유   **187**
1. 가족 간 벽 허물기   187
2. 행복 레시피   189
3. N타임 사용하기   195

에필로그	197
참고 문헌	200

부록 활동 프로그램

1. Life Story(과거 탐색: 삶의 이야기)	202
2. 비합리적 신념 심리 검사	203
3. 미안한 마음, 고마운 마음, 세 가지 이상 표현하기	204
4. 부모 양육 태도 검사지	205
5. N타임 사용하기	207

1장

부부 편

부부의 다름의 美學

행복한 부부로 살아가기 위한 7단계

첫 번째 단계

다름에 대한 끌림

1. 첫인상
2. 이마고에 끌려서
3. 콩깍지 신드롬

첫 번째 단계

다름에 대한 끌림

1. 첫인상 / 2. 이마고에 끌려서 / 3. 콩깍지 신드롬

1. 첫인상

첫사랑이 우리에게 주는 의미가 무엇일까? 사람들은 시간이 지나면 지날수록 첫사랑에 대한 기억이 새롭게 다가온다. 그래서 상대를 만나고 싶어 하지만 첫사랑의 환상이 깨질까 봐 아련한 기억 너머의 풋풋함으로 오래도록 간직하고 싶어 한다. 첫사랑은 절대로 이루어지지 않는다고 하면서 이루어지지 않은 사랑을 아쉬워하며 애써 합리화하려고 하는 사람들도 많다. 만약 첫사랑과 결혼한다면 얼마나 낭만적이며 행복할까, 라고 생각해 본 적이 있다. 적어도 결혼하기 전에는 말이다. 그렇다면 적어도 필자는 행복한 사람일 것이다. 왜냐하면 첫사랑과 결혼하고 행복하게 살고 있기 때문이다.

우리 부부는 동창생이다. 그것도 초등학교 동창생이다. 초등학교 캠퍼스 커플인 셈이다. 간략하게 소개하자면 시골 학교는 한 학년에 두 개 반이고 한 반에 30명이 채 안 되는 적은 수의 학생으로 구성되었다.

첫인상을 통해 상대방을 판단할 수 있는 시간은 얼마나 걸릴까? 사람이 상대방에 대해서 판단할 수 있는 시간은 3초라고 한다. 다양한 사람들에 대

해서 시각적 이미지가 주는 중요성을 나타낸다. 첫인상이 나쁘면 아무리 열심히 하고 그 사람이 좋은 사람이라도 상대방에 대해서 제대로 인식하는 데 상당히 오랜 시간이 필요하다. 첫인상에서 호감 가는 사람에게 마음이 열리고 끌리는 것은 당연하다. 그런데 재미있는 사실은 아내가 '당신은 아버지를 닮은 이미지와 따뜻함이 느껴져서 편하게 다가왔다'고 한 것이다. 지금도 마찬가지이지만 필자 역시 아내가 똑똑하고 예쁘고 성격이 밝고 활발해서 좋아하게 되었다. 그런데 그것은 필자의 어머니 이미지를 닮아 있었다. 지금 생각해 보면 그 어린 그 시절 왜 아내가 첫눈에 들어왔으며 좋아하게 됐을까? 라는 궁금증이 생긴다. "조그만 것이 뭘 안다고"라고 생각할 수 있지만 신기하게도 무의식에서는 뭔가 끌리는 것이 있었다는 것이다. 무의식에서 움직이는 것들은 초기 경험에 의해서 입력된 기억에 의해 조종당한다. 첫눈에 반했다는 것에는 어릴 적 초기 기억에서 너무나 낯익은 익숙한 편안함이 작용했을 것이다.[01]

결혼 후에 이야기를 나누다 첫사랑에 대한 이야기를 하게 되면서 서로가 좋아했다는 사실을 알게 되어서 놀라기도 했고 신기하기도 했다. 그렇다면 무엇이 필자를 한눈에 끌리게 하였으며 첫눈에 반하게 했을까? 첫사랑의 기억이 아니더라도 남녀가 만나는 과정에서 느낌으로 편안하다는 생각이 든다면 이는 우리도 모르는 사이에 무의식이 작용했다는 증거이다. 사람들은 어느 누구와 불편한 관계가 되는 것을 원하지 않기 때문에 순간 느끼는 직감과 교차되는 감정을 믿으려 할 것이다. 그래서 단지 잠간의 몇 초의 시간에 느끼는 첫인상이 중요하며, 몇 마디 대화만으로도 호불호가 갈리게 된다.

---

[01] 프로이트는 의식과 무의식이 정신의 한 부분이며, 정신 활동에서 에너지원은 무의식에서 출발하여 의식에까지 영향을 미치는 것이라 보았다. 따라서 '의식 활동'은 무의식에서 기반한다고 볼 수 있다.

2. 이마고에 끌려서

　우리가 배우자를 만나게 되고 우연히 배우자를 선택하는 것같이 느껴지지만 그렇지 않다. 이미 오래전부터 익숙하고 친숙한 부모를 닮은 사람을 선택하게 되어 있다는 것이다. 간혹 이렇게 말하는 사람들도 있다. "나는 죽어도 우리 아빠 닮은 사람하고는 결혼하지 않을 거야." 이렇게 다짐하고 또 다짐했지만 결국 사귄다든지, 결혼한다든지, 이성 친구를 데리고 오는 걸 보면 부모를 꼭 닮은 사람을 만나게 되는 경우를 종종 보게 된다.

　우리 속에 저장되어 있는 이 이미지가 '무의식' 가운데서 여러 가지 이미지로 나타나면서 대인관계 속에서 표출되는 것이다. 대개 양육자의 관계에서 어린 시절 형성된 긍정과 부정의 이미지를 동시에 갖는다. 따라서 때로는 배우자에게 자신의 원망을 더 요구하게 되고 부모와 함께 지낸 삶을 떠올리며 살아가기도 한다. 우리 부부 역시도 무의식의 끌림이 작용했던 것 같다. 아내는 필자가 자신의 아버지처럼 인자하고 따뜻함이 너무나 많이 닮아 좋았다고 한다. 어린 시절 초등학교 4학년인데도 그 이미지에 끌렸다고 한다. 필자 역시 어머니의 똑똑함과 활기차고 흥이 많은 모습을 닮은 아내에게 끌리게 되었다. 이것을 '이마고'라고 하는데 이마고는 라틴어 'image'에서 유래된 말이다.

　이렇듯 우리는 배우자를 선택할 때 무의식이 철저히 작용하여 스스로를 더 끌림으로 이끈다. 그러나 그 이끌림이 부정적인 측면인가, 긍정적인 측면인가에 따라 차이가 많이 달라지기 때문에 내가 얼마나 건강한 인격체로 성장했는지가 중요하다.

상담을 하다 보면 이런 내담자 부부를 종종 만난다. 너무나 심각해서 이혼을 하려고 하는 준비 단계에서 마지막이라 생각하고 상담에 온 경우였다.

"저희 부부는 신혼인데 평생 싸움 한 번 안 할 것으로 생각했어요. 연애할 때부터 뭐든 다 들어주고 해 달라고 하면 다 해 주니까 싸울 일이 없었어요. 성격도 차분하고 정말 멋진 남자였죠." 이 얘기를 듣고 있던 남편 또한 "착하고 예쁘고 살림 잘하고 직장 끝나고 오면 같이 있다는 것만으로도 너무 행복했어요. 저희 부모님 행복할 때 모습처럼"이라고 이야기하며 울기 시작했다. 이 부부는 부모의 이마고를 닮은 배우자를 만나서 결혼 초에는 행복했다고 한다.

우리는 이처럼 무의식이 이끄는 대로 배우자를 선택하고 삶을 살아간다. 그러나 긍정의 이미지만 볼 때는 아무 문제가 되지 않으나 부정을 경험하면서 힘들어진다. 애정에는 유통기한이 있다고 하는데 이 기간이 지나면 아내들은 육아에 시달리면서 남편과 멀어지고 차츰 소원한 관계가 되면서 결국 점점 멀어지는 관계로 된다는 것이다. 이것이 지속되면 부부 사이에 심각한 관계로 발전하여 부부 위기까지도 가져올 수 있다.

3. 콩깍지 신드롬

　대개 부정적인 면은 보지 못하고 지나치게 긍정적인 면만 부각시키는 것을 일컬어 콩깍지가 씌었다고 말하기도 하며, 연인이나 부부간에 조건 없이 좋아하는 상태를 일컬어 '콩깍지 신드롬'이라고 한다. 아마도 대부분의 부부들을 보면 제삼자가 보기에는 조합이 잘 되지 않아 보여도 최소한 둘만큼은 죽고 못 사는 부부들을 종종 볼 수 있다. 무엇이 그리 재미있고 좋은지 모르지만 서로 장난도 치며 알콩달콩 재미나게 살아간다. 이것은 외형적으로 보이는 것과는 또 다른 비밀이 숨어 있다고 여겨진다. 쉽게 말해서 물건을 살 때도 그 사람만이 좋아하고 고집스럽게 선택하는 물건이 있듯이 각 개인의 취향과 성격대로 물건을 고르는 것과 유사하다고 할 수 있다. 너무나 그 물건이 갖고 싶어서 시간적인 노력도 들여 보고 경제적인 부분을 감수해서라도 갖고 싶은 욕구가 강한 경우를 볼 수 있다.

　이것은 아마도 간접적인 경험이 더 많이 작용하는 경우일 것이다. 배우자 선택에 있어서 짧은 순간에 이끌려 선택한다는 것은 또는 첫눈에 반해서 결혼하고 싶은 충동이 일어나는 것은 결정적인 주요 인자 중 하나가 무의식의 조종이기 때문이다. 이 무의식에서 아직 경험해 보지는 않았지만 익숙하고 친숙하게 느껴지는 끌림이 발현되고, 이 끌림에 의해서 배우자를 선택하게 된다.

　가끔 상담에 온 내담자들 중에 공통적으로 하는 말이 있다. "결혼하기 전에는 정말 이만한 사람이 없었다고 생각했어요. 정말 멋있게 느껴졌어요. 심지어는 이 사람을 보는 순간 뒤에서 후광이 비췄어요." 한마디로 묻지도 따지지도 않고 첫눈에 반해서 선택한 경우가 많이 있다는 것이다.

그렇다면 평생 함께 살아야 할 배우자를 선택하는 데 있어서 배우자를 한눈에 반해서 결정했다면, 도대체 어떤 것이 심리적으로 작용하기 때문일까? 다른 모습은 보지 못하게 하는 콩깍지는 무엇을 의미하는지 궁금해진다. 그것은 호르몬과 관련이 있는데 미국 예시바대학교 루시프라운 박사는 "사랑에 빠진 경우 코카인을 흡입했을 때의 느낌과 같다고 할 수 있으며, 이 코카인의 마약을 한 것과 동일한 신체적 증상이 사람이 사랑에 빠졌을 때 나타나게 된다. 이때 뇌에서는 도파민 호르몬이 배출되기 시작하고 심장박동 수가 빠르게 뛰면서 극도의 긴장감을 갖게 된다"라고 하였다.

한마디로 상태에 대한 정확하고 사실에 근거한 정보를 보고 판단하기보다는 흔히 요즘 말로 '필'이 꽂혀서 선택하게 되는 경우가 많다는 사실이다. 그렇기 때문에 요즘 세대들은 기성세대처럼 모든 상황과 부분에서 참고 살아야 한다는 생각을 미덕으로 삼으며 언젠가는 변하겠지, 좋은 날이 오겠지 하며 막연한 기대를 가지지 않고 이혼을 고려한다. 이는 곧 이혼율이 증가하는 요인 중 하나라고 볼 수 있다. 이러한 현상에는 왜곡된 신념이나 기대심리가 작용하면서 착각을 일으킨다. 이것을 올바른 선택이라고 볼 수 없으며 우리는 틀에 갇힌 사고의 재수정 작업이 필요하다.[02]

---

[02] 부록 1. 'Life Story(과거 탐색: 삶의 이야기)' 참고

두 번째 단계

다름에 대한 부딪힘

1. 콩깍지가 벗겨지며
2. 시선 피하기
3. 갈등을 직면하기

두 번째 단계

다름에 대한 부딪힘

1. 콩깍지가 벗겨지며 / 2. 시선 피하기 / 3. 갈등을 직면하기

1. 콩깍지가 벗겨지며

　신혼에서 보통 짧게는 6개월, 길게는 1년 정도의 시간이 지나고 차츰 아이가 태어나면서부터 조금씩 서로가 의견이 충돌하고 불편해지기 시작한다. 신혼의 단꿈에서 깨어나자마자 내가 선택한 사람, 내가 예전에 알고 있던 사람이 맞나 의심하게 된다. 몇 번씩 확인하면서 아닐 거야, 아닐 거야를 속으로 외쳐 보지만 자꾸만 실망하게 된다. 결혼에 대한 환상이 깨지기 시작한다. 그야말로 현실을 보게 되는 것이다. 이때부터 콩깍지가 한 꺼풀 벗겨지기 시작한다. 결혼한 지 1년 6개월 정도 되면 콩깍지가 벗겨지기 시작한다. 그 증상은 다양하게 나타나는데, 때로는 외모, 습관 등 아주 사소한 것까지 사랑스럽던 것이 불만과 불평으로 바뀌고 부정의 모습이 차츰 보이기 시작하면서 지적하게 되고 점점 관계는 나빠지게 된다.
　한마디로 배우자에 대한 신뢰가 하나둘 불신으로 바뀌게 된다고 할 수 있다. 상담에 오는 대부분의 내담자 부부들은 "나는 이 사람이 정말 이런 사람인 줄 몰랐어요. 어떻게 그 상황에서 말 한마디 하지 않고 가만히 있을 수

있어요? 저는 버림받는 느낌이었어요. '아, 나는 혼자구나'라고 생각했어요."

누구나 배우자만큼은 내 편이라고 생각한다. 그러나 결혼하고 나서 정작 내가 혼자라고 느낄 때, 상대가 소극적인 태도를 보여 배신자처럼 느껴질 때 실망하게 된다. 이 사람만은 적어도 나를 위해서 모든 것은 아닐지라도 최선을 다해서 해 줄 수 있는 사람일 거라고 믿었던 믿음에 대한 검증을 통과하지 못한 것이다. 더군다나 부부 싸움이라도 하게 되면 남편들은 일제히 입을 다물고 벙어리가 되어 버린다. 아내들은 하소연하는데 속이 터진다면서 "저는 이 사람이 감정을 솔직하게 표현해 줬으면 좋겠어요. 무슨 이야기를 하면 꿀 먹은 벙어리처럼 얘기를 안 해요. 답답해 죽겠어요"라고 말하는 이 부부는 성격이 급하고 활동적인 아내와 소극적이고 느긋한 남편이 서로 사랑하여 결혼하고 잘 살고 있었다. 그러나 차츰 아내 입장에서 연애할 때는 조용하고 차분한 성격이 마음에 끌려서 선택했는데 결혼 후에는 이 부분이 문제라며 충돌이 일어나게 된다.

조금씩 믿음에 대한 신뢰가 깨지면서 둘 사이에는 간격이 벌어지기 시작한다. 그리고 한 번 경험한 불신은 유쾌한 경험을 하지 못하게 만든다. 그래서 조금만 섭섭하게 해도 구정물을 휘저어 놓는 것처럼 감정을 사정없이 흐트러뜨린다.

행복하게 살고 싶지 않은 사람은 이 세상에 단 한 사람도 없을 것이다. 불행한 삶을 살고 싶은 사람도 더욱 없을 것이다. 그렇기에 부부 사이에 미해결된 감정이 조금이라도 있다면 이 감정을 우선 해결하려고 노력하는 것이 무엇보다 중요하다. 대부분의 부부들이 기본적인 대화법이라도 알고 있다면 부부간에 소통하는 데는 별다른 어려움이 없을 텐데 최소한의 대화법도 모르기 때문에 더욱 힘들게 된다. 사티어가 말하는 부부가 서로 대화 패턴 유형을 알고 있다면 많은 도움이 될 것이다.

의사소통은 회유형, 비난형, 초이성형, 산만형, 일치형의 다섯 가지 유형이 있는데 이를 살펴보면 다음과 같다. 회유형(placating) 사람의 특징은 자신이 갖고 있는 감정을 억압하거나 무시하면서 타인에게 더 집중하여 맞추려는 경향이 있다. 타인의 말에 자주 동조하며 조금은 비굴한 자세, 특히 변명을 하는 등 지나치게 착한 행동을 하게 된다. 따라서 회유형 사람들은 감정 억제나 짜증, 걱정 등이 많다. 회유형들은 "알았어, 알았어. 다음부터는 안 그럴게"라는 식으로 얼렁뚱땅 넘어가는 유형이다.

비난형(blaming) 사람은 회유형과는 정반대로 타인을 무시하는 성향이 있어 다른 사람의 말이나 행동을 비난하거나 통제하며 명령한다. 이 때문에 외적으로 보이는 모습은 공격적이지만 내적으로는 소외감을 느끼며 외로운 실패자라고 할 수 있다. 심리적으로는 분노감과 반항심 그리고 적대심이 있으며, 편집증 증상이 있다. 특히 이런 사람들은 "아빠가 자꾸 야단치시니까 집에 들어오기가 싫잖아요. 아빠 탓이에요" 또는 "그런 줄 알았어. 하는 게 그렇지 뭐", "너는 그게 문제야. 내가 뭐라고 했어"라는 식으로 타인을 무시하고 비난하기 일쑤이다.

초이성형(super-reasonable) 사람들은 타인과 자신을 모두 무시하고 상황만을 중시하며, 규칙과 옳은 것만을 절대시하거나 극단적인 객관성을 보인다. 냉담한 자세를 하고 감정이 결여되어 있고, 내적으로는 쉽게 상처받으며 소외감을 느낀다. 심리적으로 우울증, 집착증, 강박증, 공감력 부족 등이 특징이다. 특히 이런 사람들은 "아빠, 이건 무조건 야단칠 일이 아니고요. 제가 왜 늦었는지에 대해 이성적으로 생각해 보세요"라고 이야기한다.

산만형(irrelevant) 사람들은 초이성형과 대비되는 유형으로 자신, 타인, 상황을 모두 무시한다. 지나치게 즐거워하거나 익살맞은 행동을 하면서 의사소통하는 데 있어 혼란을 보이며 어느 곳에도 초점이 맞추어져 있지 않고, 말의 의미나 내용도 없이 혼자 산만한 것이 특징이다. 심리적으로는 혼란스러움, 부적절함, 공감력 결핍 등이 있게 된다. 예를 들면 난처할 때 농담을 하고 화제를 자주 바꾸고 횡설수설한다.

일치형(congruent) 사람들은 스스로가 주체적으로 다른 사람과 관계를 갖는 데 익숙하다. 기능적이며 정직성, 친근감, 원만함, 책임감, 창의성 등이 있다. 의사소통의 내용과 내적 감정이 일치하는 유형이며, 의사소통은 매우 진실되며 자기감정을 잘 알고 적절히 표현한다. 예를 들면 "늦는다고 미리 이야기해 드렸어야 했는데 죄송해요, 시험 준비하느라 늦었어요"라고 말을 한다.

이런 성격 유형에 대해 알게 된다면 자신의 의사소통 유형을 바꾸기 위해 노력해야 되며 자신의 행동과 언어가 타인을 어렵게 하거나 상처를 줄 수 있다는 사실을 알아야 한다. 그리고 부부간에는 원활한 소통을 위해 '나 전달법(I'Message)'을 통해서 자신의 감정을 상대에게 전달하는 훈련이 필요하며, 서로 오해하지 않고 상대의 감정을 수용한 후 대화를 이어나가는 방법을 취해야 한다. 나 전달법을 대화에 적극 활용하여 부부간에 연습하는 것이 필요하다.

2. 시선 피하기

　부부 갈등 상황이 발생하면 "참고 말지, 아니면 내가 해 버리지 뭐"라든지 갈등을 회피하려고 하는 성향이 강하게 작용한다. 이것은 피터팬 신드롬이나 모나리자 신드롬의 경우와 마찬가지로 시선을 회피하거나 수동적인 자세를 취하는 경우이다. 부부간에 회피하거나 시선을 피함으로써 그 자리를 벗어나고픈 마음이 강하게 작동하기도 하며, 자신이 가까운 시일 내에 이 갈등 상황을 이겨 낼 수 없다고 생각하기 때문에 나타나는 결과라고 볼 수 있다. 남성들에게 자주 나타나는 증상이기도 한데, 심리학자 키일리 박사에 의해 사용된 '피터팬 신드롬'의 일종으로 '어른 아이'를 말한다. 어른 아이는 성인이지만 아이처럼 행동하는 남성을 일컫는 말이다. 보통 이런 남성들은 책임 회피나 불안감, 도피, 무기력, 사회 부적응 등으로 인해서 어른이 되어도 아이처럼 살아가게 된다. 여성들의 경우에도 마찬가지로 일상 속에서 갖게 되는 일종의 무력감을 일컫는 말로 '모나리자 신드롬'이 있다. 어찌 보면 이것은 봉건주의적 사고방식으로 인해 남성 중심의 이데올로기에서 벗어나지 못한 여성들이 '참고 살아야 한다'라고 생각하게 되는 주된 이유 중의 하나일 것이다.

　그러나 부부간에 어느 한쪽이 힘이 있느냐에 따라서 다른 양상을 보이기도 한다. 가령 남편이 주도적이며 비난하거나 강압적인 성격이면 여성이 시선을 회피하는 경향이 나타나며, 반대로 여성이 강압적이고 주도적이며 힘이 세다고 느껴지면 남성이 '피터팬 신드롬'을 나타나게 된다.

　따라서 부부의 심리 구조를 이해하는 것이 무엇보다 중요하다. 그리고 소극적인 배우자가 능동적이고 적극적으로 대처할 수 있도록 배우자가 기다려 주고 지지해 줌으로써 회피 성향의 굴레에서 벗어날 수 있게 도울 필요가 있다. 부부간에 어떤 상황에서든 수동적이고 회피하는 성향이 나타난다면 행복하고자 마음먹었던 부부간에 어려움이 시작되며, 서로 감정적으로 대립이 일어나서 갈등으로 가는 지름길이 됨을 명심해야 한다.

어떤 여성이 상담에 와서 남편에게 삿대질하며 심한 말을 퍼붓는데 이렇게 말하는 것이었다. "이건 남자도 아니에요. 어떻게 말도 안 하고 꿀 먹은 벙어리처럼. 아, 말 좀 해! 답답해 죽겠어"라고 굉장히 격앙된 어조로 남편을 몰아붙이듯 나무랐다. 그렇지만 남편은 말 한마디 않고 입을 꼭 다문 채 꿀 먹은 벙어리처럼 입을 열지 않았다. 상담을 하다 보면 이런 부부들을 종종 보는데 마찬가지로 아내가 너무나 다그치니까 '가만히 있으면 중간이라도 가겠지'라는 심정으로 버티고 있는 것이다.

그러나 성인으로서 건강한 나를 위해 그리고 상대 배우자에 대한 배려 차원에서라도 적극적인 대처가 필요하다. 이런 부부들에게 한 가지 제안을 드리면, "당신 말을 듣고 보니 이런 마음이 느껴지는데", "나는 이런 생각이야"라고 상대의 말을 듣고 최소한으로 표현할 수 있는 행동이 필요하다. 그러나 우리는 살면서 그 어느 누구한테도 부부간에 대화법을 배운 적이 없다. 그래서 서툴고, '어떻게 해야 될까?'라고 당황하면서 말을 안 한다든지, 회피한다든지, 아니면 듣다, 듣다 속으로 인내심의 한계를 체크하며 시험하다가 분노하고 폭발하게 되는 것이다. 부부간에 대화에서 처음에는 상대의 마음을 읽어 주고 자신의 생각과 느낌을 전달하는 반복적 훈련을 하며 조금씩 다가간다면 훨씬 관계가 나아질 수 있을 것이다.

3. 갈등을 직면하기

부부 사이에 점차 성격적인 면이나 정서적으로 또는 성적으로 문제가 대두되면서 부부간에 감정적으로 부딪히는 과정에까지 이르러 대부분 부부들은 해도 안 되는구나 하는 포기하는 마음이 들게 된다. 다시 말하면 내가 에너지가 없기 때문에 시도하는 것 자체가 귀찮기도 하고 내가 극복하며 함께 극복해 갈 수 있는 생각조차 하기 싫은 상태가 되는 경우도 있다. 그러나 더 큰 문제는 이런 상황에서도 결코 배우자를 포기하지 못한다는 점이다.

남편에 대해서 느끼는 아내들의 좌절과 분노가 많이 있지만, 잘 알지도 못하면서 주변에서 "어머 누구는 좋겠어. 멋진 남편을 두고 살아서"라고 이야기하면 아내들은 '너 한번 하루만 같이 살아 봐라'라고 속으로 생각하게 된다. 필자 역시도 아내로부터 자주 들은 말이니까 잘 알고 있다. 특히 중년 부부들 중에 이런 얘기를 하는 아내들이 많이 있다. 원래 이 말은 교회에서 아내들이 마치 겉으로 보기에는 완벽해 보이는데 영적인 면에서는 성숙하지 못한 남편들을 보며 안타까워하는 심정을 표현하는 말이다. 이러한 경우를 '멋진 남자 신드롬'이라고 말한다.

부부들이 겪는 어려운 일 가운데 하나는 남들이 보기에는 너무나 행복해 보이고 훌륭해 보이는데 막상 속으로 들어가 보면 속상하고 속 터지는 일들이 많다는 것이다. 겉으로 표현하지 못하고 내색조차 하기 힘든 상황에서 참고 살아가야 하는 현실과의 거리감을 남편에 대한 실망과 분노로 표출하게 되는 것이다.

따라서 부부들은 차츰 시간이 지나면서 내적 갈등을 경험하게 된다. 그

중 하나는 포기하고 싶다는 것이다. 정신적으로 육체적으로 지쳐 있기 때문에 아무런 간섭도 받지 않고 개개인의 욕구에 맞게 살고 싶다는 것이다. 지금껏 살아오면서 자녀 양육의 문제, 부부간의 갈등, 그 외에 여러 가지 문제들을 헤쳐 나오면서도 아물지 않은 상처로 인해서 오히려 본인에게 더 집중하고 싶은 마음들이 강하게 나타나게 된다. 더욱이 중년이 되면서 '빈 둥지 신드롬(Empty Nest Syndrome)'을 느끼게 되는데 이것은 아내의 기대감을 채워 주지 못하는 남편과 부부간 대화를 하지 않아서 느끼는 무관심 속의 외로움을 말한다. 더군다나 자녀들도 조금씩 성장하면서 각자 취직도 하고 결혼하면서 떠나가기에 그 감정이 가중된다. 그나마 가정의 울타리 안에서 따뜻한 정을 느끼던 공간이 마치 텅 빈 공간으로 다가오면서 심리적으로 불안해지는 심리적 현상인 것이다.

두 번째는 이러한 정신적으로 힘든 상황에서도 포기하고 싶지만 포기할 수 없는 심리적 갈등상태가 지속된다는 것이다. 그 이유는 억울함이다. 지금까지 헌신하고 살아온 세월에 대한 억울함과 함께 배우자에 대한 억울함이 있을 것이고, 자기 자신에 대한 억울함도 있을 것이다. 자기 자신이 꿈꾸며 생각해 왔던 삶이 흐트러짐에 대한 속상한 마음 그리고 퍼즐을 다시 맞추고 싶은 심리적 이유이다. 그나마 이러한 내적 갈등이 실마리를 찾고 싶은 욕구로 작용해서 한 번만 기회를 주고픈 마음으로 작용할지도 모른다. 다행히 이 때문에 많은 부부들이 새롭게 해결하고자 상담을 받으러 오고 있다.

"이 사람하고는 정말이지 손톱만큼도 미련은 없어요. 근데요, 억울해서 못 살겠어요. 내가 이 인간한테 희생하고 살아온 게 얼마고 이 집에 시집와서 한 게 어딘데……. 억울해서라도 이대로는 못 살아요. 그래서 왔어요."

이렇게 말하는 대부분의 아내들의 욕구는 심리적 보상일 것이다. 그래서 수치심이나 좌절감이 들기는 하나 힘든 발걸음을 하는 이유인지도 모른다. 무엇보다 근본적으로 부부가 어려움을 안고 살아가는 이유가 무엇인지부터 직면해 보는 것이 필요하다. 직면한다는 것은 어려울 뿐만 아니라 서로의 용기가 필요하다. 용기를 갖고 한번 시도해 보는 것이 중요하다.

세 번째 단계

다름에 대한 알아감

1. 서로에 대해서 들여다보기
2. 상처를 치유할 수 있는 용기
3. 부부 리커버리

세 번째 단계

다름에 대한 알아감

1. 서로에 대해서 들여다보기 / 2. 상처를 치유할 수 있는 용기 / 3. 부부 리커버리

1. 서로에 대해서 들여다보기

　부부간에는 오히려 배우자에 대해서 잘 안다고 생각하는 것들이 함정일 수도 있다. 부부가 연을 맺고 살고는 있지만 배우자에 대해서 잘 알지 못하면서 안다고 착각하며 살고 있는지도 모른다. 이 착각이 어쩌면 우리를 불행하게도 하며 어려운 상황을 만들기도 한다. 또한 자신에 대해서 살펴볼 기회가 많지 않았다면 문제는 더욱 심각해진다. 그래서 상담을 할 때 또는 부부 강의를 할 때 사용하는 것이 있는데 가계도를 그려 보라는 것이다.
　보통 가계도는 자녀를 포함해서 3대를 그리도록 하기 때문에 가계도를 통해서 가족 구성원의 정보나 구성원 간의 관계를 기록할 수 있고, 가족의 구조나 일반적 정보는 물론이고 다른 다양한 정보들을 얻을 수도 있고, 부부를 자세하게 이해할 수 있는 좋은 자료로 활용할 수도 있다. 특히 한국 사회의 특성상 가족의 전통이라는 대물림과 같은 중요한 정보를 얻을 수 있으며, 원가족에서 형성된 가족 구성원 간의 심리적 구조를 이해하는 데 도움이 된다. 전체적인 원가족의 분위기를 통해서 현재의 가족을 가늠해 볼

수 있는 좋은 정보를 얻을 수 있기 때문이다. 필자 역시도 상담을 공부하면서 가계도를 그려 봄으로써 가족에 대한 이해와 특히 부모님에 대한 이해에 도움이 되었다. 그리고 부모님의 형제들이 삶을 살아온 과정을 통해서 형성된 심리 구조를 이해할 수 있었다. 대부분의 부부들은 부부 사이에 문제를 두 명의 독립된 개체로만 이해하려다 보니 대화가 안 되고 화가 나면 "저 인간이 도대체 왜 이래"라고만 생각하게 된다. 아무리 배우자에게 이야기해도 듣지 않게 되고, 하다, 하다 지치면 결국 안 되는구나 하고 포기해 버리게 된다. 우리는 개인의 심리 구조를 이해하지 못하면 쉽게 수용하지 않으려는 구조를 갖고 있기 때문이다.

상담에 오는 부부들 중에 "남편한테 아무리 얘기해도 듣지 않아요. 이제는 지쳤어요"라고 이야기하는 아내에게 남편은 자신의 잘못을 인정하지 않는다. "아니 나는 지금까지 이런 방식으로 살아왔는데, 그리고 아무 문제 없이 살다가 왜 이제 와서 그러는데"라고 오히려 아내를 이해 못 한다는 듯 이야기한다. 아내는 몇 번 참다, 참다 속이 터질 것 같아서 이대로 참고는 못 살겠다고 이야기하는 것이고, 남편은 왜 이제껏 잘 살아오다가 그러는지 이해하지 못하겠다고 억울해하는 것이다. 이 부부의 문제는 전혀 아내의 마음을 알아주지 않는 남편, 그리고 가정에 대해서는 신경을 전혀 쓰지 않음으로 인해서 지칠 대로 지친 아내가 "나 좀 봐 줘"라고 남편에게 이야기하는 것이다. 이것을 들은 남편은 지금까지 아무 말 없다가 갑자기 못 살겠다고 하고, 트집 잡는 것처럼 느껴진 것이 불쾌하다고 이야기하는 것이다. 현재 살아가고 있는 부부들은 이런 유형의 부부 문제를 갖고 있는 부부들이 대부분이 아닐까 싶다. 물론 배우자가 이 정도 되면 좋은 말로 하지는 않았을 것이고 감정 섞인 말투로 마음을 불쾌하게 했을 것이다. 무엇보다도 틀렸다고 이야기하는 것 같은 말을 들을 때 기분이 나빠지고 속상해지니까 더 이상 이야기하고 싶지 않고 마음을 더욱 굳게 닫아 버리는 이유일 것이다.

이 부부에게 가계도를 그리면서 배우자의 원가족을 탐색하게 한다면 서로에 대해 좀 더 이해하게 되고 수용하는 마음이 조금씩 생기게 될 것이다. 배우자를 들여다본다는 것은 겉으로 드러나는 외형적 모습이나 일상의 행동 패턴을 보는 것이고 함께 드러나지 않는 심리 구조를 알아보고 이해하여 수용한다는 의미이다. 배우자에 대한 마음을 수용하고 이해하게 되면 우리에게 있는 문제를 해결하는 데 많은 부분 용이하게 접근할 수 있게 될 것이다.

우리 부부 역시도 원가족에서 오는 심리 구조를 통해서 병리적인 현상이 그대로 나의 삶에 영향을 끼쳐 나타남으로써 배우자와의 관계에서 드러나게 되고 힘들게 하고 가끔 어려움이나 위기의 순간까지 경험했다. 차츰 가족 구조를 살펴봄으로써 배우자를 수용하고 이해하게 되어 변화해 나갈 수 있게 되었다. 정신역동 측면에서 가족으로부터 전수된 심리 구조를 부부가 서로 알게 되고 이해하면서 상담에 온 많은 부부들이 서로에 대해 이해하고 수용하는 마음 자세로 훨씬 쉽고 원활하게 상담에 임하는 것을 볼 수 있다. 결국 원가족 탐색은 부부간의 심리 구조를 아는 데 있어서 좋은 자료가 된다.

2. 상처를 치유할 수 있는 용기

인류 최초의 살인죄는 형제를 죽인 존속살인자 가인이다. 그런데 원래 가인의 성품이 악하거나 포악하거나 남을 살해할 만큼 살인자의 기질을 타고난 것은 아니었다. 가인은 농사꾼이었고 동생 아벨은 양치기였다. 둘 다 똑같이 하나님께 재물을 드렸는데 하나님은 동생 아벨의 재물만 받고 형 가인의 재물은 받지 않았다. 결국 자신의 정성을 무시하고 받아 주지 않는다고 생각하는 순간, 하나님에 대한 원망과 동생에 대한 질투심으로 인해 인류 최초 살인자가 되었다. 이렇게 부모로부터의 편견이나 편애를 느낀다고 생각하기 시작하면서부터 갈등이 생기고, 심한 경우 사람을 죽이게 되는 가인을 일컬어 '가인 신드롬'이라고 한다.

원가족을 탐색하다 보면 부모와 자녀 관계에서 오는 심리 구조, 자녀들 간의 심리 구조로 인해서 개인의 삶의 방향이 바뀌게 되는 경우를 볼 수 있고 건강하지 못한 삶을 살게 되는 경우를 많이 보게 된다. 우리는 그만큼 상처들로 인해서 세상을 보는 시각이 달라지며, 대인관계에서 오는 원활하지 못한 관계를 유지하게 된다. 이로 인해서 굳어진 인격체가 자신과는 전혀 다른 사람과 부부로 만났으니, 자라 온 환경과 배경도 다르고 가족의 역동도 다른 부부가 원만한 관계로 살아간다는 것은 쉽지 않을 것이다.

"저는 막내딸이었어요. 흔히 막내딸이라고 하면 부모에게 또는 형제들로부터 귀여움 받고 이쁨 받고 자랐을 것 같은데 저는 그러지 못했어요. 위에 언니가 제 사랑을 다 독차지해 버려서 저는 오히려 막내 짓만 한다고 야단만 맞고 자라고, 눈치만 보고 자랐어요." 이 아내는 살아오는 과정에서 남의 눈치를 많이 보게 되었고, 자신의 사랑을 빼앗겼다는 억울함이 커서 자신을 지켜야 한다는 생각으로 자기중심적인 이기적이고 자신만 아는 성격이 형성되어 버렸다. 그래서 결혼해서도 남편에게 의존하고, 엄마로서의 역할을 제대로 하지 못해서 사이가 좋지 않게 되고, 자녀에게도 관계가 잘 되지 않아서 상담에 오게 되었다.

부부에게 원가족 탐색을 함으로써 어릴 적 상처를 이해하게 하고, 남편에게 아내의 상처를 알게 함으로써 아내에 대한 이해와 배려 그리고 사랑이 부족한 아내에게 사랑을 많이 줄 수 있도록 하면서 관계가 좋아짐을 알 수 있었다. 이렇게 우리 안에 있는 상처를 아는 것만으로도 관계가 개선될 수 있다는 것을 알 수 있다.

상처를 입은 사람의 특징은 상처를 입힌 사람에게 상처를 가하는 보복이 있으며, 더 이상 상처받는 것이 두려워서 아예 관계를 단절하기도 한다. 상처는 자존감에도 손상을 입혀서 심한 경우 폭력으로 이어진다.

수잔비에르 감독의 〈인어베러월드(In A Better World)〉는 남편의 외도에 의한 상처, 엄마의 죽음과 그로 인한 아버지에 대한 오해에서 오는 상처, 집단 따돌림 받은 아이의 상처, 그리고 아프리카 난민 여성들이 폭력적인 만행으로 당하는 상처 등을 다룬 영화이다. 이 영화는 상처를 치유하기 위해서 용서해야 하는 것과 용서를 위해서 용기가 필요하다고 말하고 있다. 그렇다면 이 용기는 어떻게 생기는가? 결국 위로가 필요하다. 이 위로를 통해서 힘을 얻을 수 있는데 이 위로를 줄 수 있는 유일한 사람이 다름 아닌 배우자임을 명심해야 한다. 상처를 주는 사람도 배우자이며, 문제를 해결할 수 있는 열쇠를 가지고 있는 사람도 배우자라는 사실이 아이러니하다. 그 노력의 출발점은 남편과 아내의 깊은 통찰을 통해서 상대방의 과거의 상처를 보듬어 안을 수 있는 힘이다. 따라서 문제 해결을 위한 서로 간의 노력이 필요하다.

3. 부부 리커버리

　부부가 다시 시작할 수 있다는 것은 놀라운 변화이자 긍정적인 면을 본 것이다. 배우자에 대한 재발견을 통해서 부부는 다시금 새로운 희망을 안고 행복으로의 길로 초대된 것이다. 축복된 이 길에 있어서 배우자의 상처를 치유할 수 있는 진정한 치유자로 다가서는 의미 있는 고백인 것이다. 헨리 나우웬은 《상처 입은 치유자》에서 진정한 상처 입은 치유자만이 다른 사람을 치유할 수 있다고 하였다. 부부의 상처로 인해 고통받고 힘든 삶을 경험해 본 배우자만이 그 상처를 싸매 주고 치유해 주는 진정한 치유자가 될 수 있다는 것이다.

　우리 부부 또한 서로의 상처를 다시 보게 되었을 때에 안쓰러움과 연민 그리고 배우자로서의 책임감을 갖게 되었다. 가슴이 조금은 먹먹한 느낌이 들었다. 가장 사랑한다고 고백했고 가장 사랑하겠노라고 고백했던 단 한 사람이 지금 아파한다면 그리고 그 사람을 위로해 줄 수 있는 사람도 단 한 사람이라는 사실을 알게 되자 미안한 마음이 들었다. 많은 부부들이 배우자에 대해서 조금이나마 상처를 이해하게 되었을 때 미안함을 갖기도 하고 때로는 죄책감을 갖기도 한다.

　"나는 아내가 이런 아픔이 있는 줄 정말 몰랐습니다. 내가 이기적이었다고 생각합니다. 이런 줄 알았으면 고집 안 부리고 잘 도와줄걸 하는 생각이 드네요." 남편들은 많은 분들이 자신의 잘못을 시인하고 배우자를 적극적으로 돕겠다고 이야기한다.

　"남편이 왜 그렇게 무기력하게 사는지 이해가 되었어요. 그동안 미안하게

도 무시하고, 다그치고, 윽박질렀는데 미안한 마음이 드네요. 남편을 잘 대해 주고 살갑게 대해 줘야겠어요." 아내들은 남편이 그동안 이해되지 않았는데 무기력증에 빠지고 에너지가 없던 남편을 때론 비난하고 비교하면서 무시했던 일들을 후회하고 잘 대해 주겠다고 이야기하곤 한다.

배우자가 삶을 살아온 과정을 함께 이야기하며 배우자의 말을 듣는다는 것은 그 삶을 살지는 않았지만 이해하는 데도 도움이 된다는 것이다. 삶에 대한 객관화 작업을 함으로써 서로의 깊이 있는 심리적 구조를 올바로 이해하게 된다. 그럼으로써 서로를 재발견하게 된다. 재발견에 있어서 중요한 것은 배우자가 삶에 있어서 의미 있게 비중을 두는 것이 무엇인지를 안다는 것이다. 다시 말하면 배우자가 관심을 두고 집중하는 것이 무엇인가를 이야기할 때 어디에 비중을 두는가에 의해서 관심이 달라지는데, 돈에 비중을 두는가, 관계에 비중을 두는가, 칭찬과 인정에 비중을 두는가, 삶의 성취나 목표에 두는가 등 추구하는 바가 무엇인가를 아는 것이 중요하다고 볼 수 있다.

비중을 어디에 두느냐에 따라서 삶의 방향이 달라지고 요구하는 내용이 정해진다. 예를 들면 경제적으로 너무나 힘들게 자란 사람은 물질에 인색하고 돈에 집착하는 경향이 있을 것이고, 애착 형성이 안 된 경우에는 관계가 단절되거나 지나치게 집착하는 경향을 보일 것이다. 따라서 다양한 양상 때문에 병리적으로 나타날 수 있다는 것이다.

부부가 각기 다른 방향으로 살아가게 되면 둘 중의 하나이다. 배우자의 의견을 존중해서 함께 지혜롭게 살든지 아니면 각자 따로 개인의 취향과 관심사에 비중을 두고 개인플레이 하며 살아가든지. 그래서 부부간에 좋은 합의가 이루어져야 함을 알 수 있다. 예를 들어 아내는 여행을 좋아하고, 외출을 좋아하고, 사람 만나는 것을 좋아하는 성향으로 외향적인 데 반해 남편은 절약형으로 돈만 소중하게 여기고 돈을 쓰는 데 인색해서 취미도 혼자서만 즐길 수 있는 것을 선택했다고 가정해 보자. 이 때문에 아내는 별로 관심도 없고 좋아하지도 않는 취미를 가지게 되었다면 부부간에 함께할 수 있는 접촉점이 없는 부재로 인해서 외로운 부부가 될 것이다.

함께 있어도 외롭다고 느끼는 부부가 많은 이유 중의 하나가 부부로서 소통할 수 있는 접촉점이 없다는 것이다. 시간이 갈수록 외로움이 커지고 우울한 부부가 되고 심할 경우 우울증에 빠지게 된다. 이것을 해결하기 위해 백방으로 찾아보고 노력하지만 좀처럼 해결책을 찾기는커녕 더 어려움에 빠지게 될 것이다. 따라서 부부간에도 끊임없이 타협하고 합의점을 찾아야 되고 마치 거래와 같은 관계가 필요한데 '같이 할 수 있는 방법을 찾아보도록 노력'하는 것이 필요하다. 예를 들면, 상담에서 종종 스케줄표를 작성해서 평일에 부부가 함께할 수 있는 시간을 조율하거나, 특히 주말에는 맞벌이 부부인 경우 한 사람에게 육아 부담이나 가사 부담이 가중되는 것을 막기 위해서 일을 분담한다든지, 외벌이 부부인 경우 남편은 주중에 직장 때문에 피곤하므로 주말 오전에 쉬게 하고 오후에 육아 돌봄 시간을 갖게 한다든지, 서로 오전과 오후별로 개인 시간과 육아 시간을 정해서 공동 분담을 한다면 자유 시간을 통해서 개인적인 시간을 갖게 함으로써 스트레스를 풀 수 있다. 대신 저녁 시간에는 가족과 함께 식사를 할 수 있는 스케줄을 작성한다면 많은 부부들에게 효과가 있을 것이다.

무엇보다 중요한 것은 배우자의 상황을 이해하고 서로 어려움의 요인인 부분에 대해서 다름을 인정하고 충분히 이해하면서 수용하는 변화된 자세로 바꾸어 가려고 노력하는 마음 자세가 필요하다는 것이다.[03]

---

03 부록 2. '비합리적 신념 심리 검사' 참고

네 번째 단계

다름에 대한 받아들임

1. 배우자와 나는 다르다
2. 감정 속으로 들어가기
3. 칭찬과 춤추기

네 번째 단계

다름에 대한 받아들임

1. 배우자와 나는 다르다 / 2. 감정 속으로 들어가기 / 3. 칭찬과 춤추기

1. 배우자와 나는 다르다

　우리 사회에서 '투명 인간'이란 어떤 존재일까? 이 말은 4차원 세계에서나 존재하는 그런 말인데도 불구하고 주변에서 흔히 볼 수 있는 말이기도 하며, 놀랍게도 가정 안에서도 존재하는 말이다. 가족이 한 공간 안에서 살고는 있지만 존재로서 인정되지 않으면서 역할과 이름만이 존재한다면 성석제의 《투명인간》에서 이야기하는 현대사회 속에서 투명 인간인 것이다. 아빠라는 이름만이 존재하고 돈 버는 사람, 용돈 주는 사람이라는 역할만 존재한다면 아빠이면서 인간적인 고뇌를 안고 살아가는 한 인간으로서 존재를 인정받지 못하는 우리 사회의 슬픈 투명 인간인 것이다. 이 현실을 극복하는 비결은 한 사람을 존재로서 인정하는 것이며 배우자의 개체로서의 삶과 인생을 인정하는 것이다. 그리고 배우자는 철저하게 나와 다른 인격체이며 성격 또한 다르고 가치관도 이념도 다르고 삶의 방식도 다르다는 것을 인정해야 한다. 그렇게 할 때 결국 받아들일 수 있다.

　받아들일 수 있다는 것은 무엇일까? 결국 무엇을 받아들인다는 것일까?

다시 말하면 아내의 존재를 인정하고 수용한다는 것이다. 배우자의 다름을 인정하고 수용한다는 것은 배우자로 하여금 안전한 상태를 유지하도록 돕는 것이며, 편안한 상태를 유지하게 함으로써 적극적으로 자신의 상처를 극복하고 이겨 낼 수 있도록 돕는 것이다. 다름은 틀린 것이 아니기 때문에 다름을 수정하려고 해서도 안 되며, 틀렸다고 비판해서도 안 된다.

"정말 이 사람은 도대체 이해가 안 된다니까요. 왜 그런 행동을 하는지 이제 정말 힘들어요. 저도 이제 한계가 온 것 같아요. 미치겠어요. 도대체 해결 방법이 뭐예요?"라고 다그치듯이 배우자를 향해서 하소연하는 내담자를 볼 때가 있다. 여기서 배우자로 하여금 서두르지 않고 기다리며 서서히 해 나가도록 도와야 한다. '필패 신드롬'이라는 말이 있는데 상사가 부하 직원에게 아무리 옳은 말이라도 지적하고 수정하도록 지시만 하면 오히려 부하 직원은 눈치만 보게 되어서 성과를 내지 못하고 자꾸 반복해서 실수한다는 것이다. 어찌 되었든 비난이나 지적은 상대로 하여금 위축하게 만들고 심리적으로 쫓기게 되면 불안감만을 안겨 준다.

앞에서도 언급했듯이 배우자로부터 비난이나 지적을 받으면 부모 중 한 분이 투사되어서 어릴 적 상처가 되살아나기 때문에 매우 불쾌하게 느끼기 시작한다. 따라서 배우자에게는 되도록이면 비난이나 지적은 하지 않는 것이 바람직하다. 그리고 이러한 탐색 과정을 통해서 이해할 수 있는 마음을 갖도록 노력하는 것이 무엇보다 중요하다.

"아내가 그런 아픔이 있었다고 하니까 마음이 아프기도 하고 안쓰럽기도 하네요. 얼마나 본인도 힘들었을까. 그렇다고 남편이 그걸 알아서 해 주는 것도 아니니 마음이 아팠을 것을 생각하니 미안해지네요. (울기 시작한다.) 나는 나쁜 사람이에요. 어떻게 그렇게 나 몰라라 내팽개칠 수 있었을까요?" 남편이 아내와 진솔한 삶을 나누는 것을 옆에서 지켜보면서 피드백하는 것이었다. 이 부부는 차츰 문제가 해결될 수 있었고 서로 애틋한 마음으로 상처를 받아들이고 포근하게 위로해 주는 관계가 될 수 있었다.

2. 감정 속으로 들어가기

우리가 많이 듣고 이야기하는 공감이란 무엇일까? '정말로 공감을 제대로 알고 있고 공감을 하고 있는가'에 대한 물음부터 시작해 보고자 한다. 공감(共感, sympathy)이라는 것은 '서로가 함께 느낌을 같이 하는 것'이다. 즉 상대방의 입장에서 감정을 느끼는 것이라고 말할 수 있다. 프로이트(Freud, 1905)는 정의하기를 "상대의 정신 상태를 고려한 후, 나를 상대의 정신 상태 속에 넣어서 비교하고 이해하려는 노력의 과정"이라고 했다.

공감이 상대방의 마음이나 처한 상황을 공유하려고 노력하는 것이라면 동정(empathy)은 상대방을 안타깝게 여기고 연민으로 느끼는 것으로 나눠 볼 수 있다. 공감은 때로는 중립적, 비판적이지만 그렇다고 해서 정확성에 집착할 필요는 없다. 공감에는 상대방이 이야기한 것을 귀를 기울여 들어주는 적극적 경청과 더불어 깊은 기저의 마음까지 이해하려는 노력이 필요하다고 볼 수 있으며, 더 나아가 느낌 그대로 표현하는 것이 중요하다.

이건(Egan, 1986)은 공감을 세 수준으로 구분했는데, 첫째, 정서적 공감, 둘째, 역할하기 공감, 셋째, 의사소통으로서의 공감으로 구분하였다. 정서적 공감은 상대방의 느낌을 마치 그 사람처럼 느끼는 것을 말한다. 예를 들면, 〈효리네 민박〉에서 이효리, 이상순 부부가 좋은 예일 것이다. 우리는 그들 부부가 하늘을 바라보며 아무런 말을 하지 않고 조용히 바라보고 있지만 함께 느낌을 공유하고 그 느낌을 조용히 나누는 모습을 보면서 그들만이 함께 느끼는 광경을 부러워한다. 배우자가 자신의 사회적 역할을 잘 수행할 수 있도록 헌신하고 희생하는 부부가 좋은 예이다. 역할하기 공감은 상대방의 생각과 태도 등 상대방의 입장에서 이해하려고 하는 것이며, 의사소통으로서의 공감은 상대방의 느낌과 이해하는 것을 바탕으로 상대방과 의사소통하는 것을 말한다.

그러나 부부간에 공감적 이해나 공감적 대화를 한다는 것은 공감과 동감의 단어를 이해하는 것만큼이나 힘들다고 많은 부부들이 이야기하는 것을 들을 수 있다. 오죽했으면 "~ 느낌이 들었겠어요, ~ 마음이 들었겠어요"라고 따라하도록 반복 훈련을 하기도 한다. 무엇보다도 공감은 '그 자리에 함께 머물러서 함께 느끼는 것'이다. 아픔의 현장에 함께 있어 본 사람은 그 두려움이나 고통 그리고 절박한 심정을 누구보다 잘 알 수 있다. 그 현장에 머물러서 함께 느끼고 그 감정으로 함께 울어 주는 것이야말로 진정한 공감이 아닐까.

수많은 부부들이 상담에 와서 아내가 하는 말을 들어 보면 간과하고 가는 부분이 그 아픔의 현장에 함께하지 않는다는 것이다. 그 아픔을 보듬어 안아 주고 이해하려는 마음 자세가 필요하다고 본다. 부부들이 배우자가 이야기하면 공감은커녕 한참 울다가 갑자기 "그만해라, 지겹다. 한 얘기 또 하고 한 얘기 또 하고 한 번만 더 하면 100번에서 한 번 모자라는 99번이다"라고 이야기한다. 정말 사태가 심각해지는 상황에서도 속이 안 풀렸는지 계속 이야기하다 결국은 큰 소리 내고 도저히 안 되겠다는 식으로 더 이상 진행이 되지 않는 경우도 간혹 있다. 아무리 많은 대화 기술을 배우고 의사소통 기술을 배워도 막상 부부간의 실제 대화에 적용하는 일이 쉽지 않다는 것을 알 수 있다. 이 말은 마음으로 이해하고 마음을 움직여서 인지적으로 노력하는 것이 중요하다. 때로는 부부에게도 서로가 상대방에 대한 '감동'을 주려는 마음이 필요하다. 상대방의 안타까운 심정 속에 머물러서 바라보고 느끼려 하는 노력이 절실하다고 본다. 이러한 공감적 자세가 더 나아가 부부 관계에서 서로를 받아들일 수 있는 원동력이 아닐까.

3. 칭찬과 춤추기

한동안 유행했던 책 중에 《칭찬은 고래도 춤추게 한다》라는 캔 블랜차드가 지은 책이 많이 읽혔다. 가끔 상담을 하거나 강의 도중 부부간에 서로를 칭찬해 보라고 하면 한참 생각을 한다든지 쑥스러워서 잘 하지 못하는 경우를 볼 수 있다. 집단 강의 중 힘든 대상 중의 하나가 남성 그룹일 것이다. 좀처럼 입을 열지 않고 감흥이 없고 반응이 없어서 잘못하면 시험에 들기도 한다. 초보 상담가나 강사들 중에는 심한 좌절감을 느끼는 경우도 발생하는데, 이 그룹에게 처음 보는 사람을 5분 정도 서로 칭찬하라는 과제를 주고 대화를 나누게 하면 대화가 끝난 뒤 입꼬리가 올라가고 분위기가 금방 바뀌는 것을 알 수 있다. 막상 누군가에게 칭찬을 들으면 왠지 기분이 좋아지고, 때로는 내가 발견하지 못한 면이 내 안에 숨겨져 있었나 할 정도로 듣는 사람은 뿌듯하고 기분이 좋아진다고 표현한다.

그런데 '우리 인간은 왜 칭찬에 인색할까'라는 질문을 던져 보게 된다. 이유는 간단하다. 스스로가 그런 칭찬을 받아 본 경험이 없다는 것이다. 원가족에서 비난이나 받고 구박받기 일쑤였지 언제 우리가 부모님이나 가족에게 제대로 된 칭찬을 받아 보았냐는 것이다. 대부분 한 번도 제대로 된 칭찬을 부모로부터 받아 본 경험이 없다. 학습된 칭찬에 대한 인색한 관계가 결국 결혼해서도 남편에게, 아내에게, 자녀에게 잔소리는 많이 해도 칭찬은 거의 하지 못하고 사는 관계로 이어진다.

부부 상담을 할 때 가끔 부부간에 서로 세 가지씩 칭찬해 보자고 제안하는 경우가 있다. 그런데 예상은 거의 빗나간 적이 없다. 칭찬을 제대로 하지 못할 뿐만 아니라 쑥스러워서 웃다가 못 하는 부부도 있고, 칭찬을 하긴 하는데 원초적이고 초급 수준 이하의 칭찬에 머무는 경우가 많이 있어서 큰 감동이 없는 칭찬인 경우가 대부분이다. 가장 중요한 것은 개인에게 내재된 심리 가운데 나를 인정해 주지 못하고 자존감이 낮은 사람은, 즉 자기 자신에 대해서 좋은 점수를 주지 못하는 사람은 타인을 칭찬하거나 인정해 주는 일이 쉽지 않다. 이 말은 다시 말하면 내가 칭찬받은 경험이 없기 때문에 부모가 나에게 했던 것처럼 자녀에게 똑같은 행동을 하고 있다는 이야기이다. 따라서 나 스스로 인정해 주고 칭찬해 주는 훈련이 먼저 선행되어야 한다. 이것을 도울 수 있는 사람은 다름 아닌 배우자이다. 나를 신뢰하고 나의 모든 것을 내어 맡긴 한 사람이 나를 인정해 주고 칭찬해 준다면 세상에 그 어떤 것보다도 값진 자산으로 가져갈 수 있기 때문이다.

"칭찬이요? 쑥스럽게 칭찬은 무슨···. 나랑 살아 줘서 고마워. 힘든데 내색 안 하고 열심히 일해 줘서 고마워. 저번에 내가 말은 안 했는데 기념일이라고 멋진 데 가서 밥 사 줘서 고마워"라며, 조금 전까지 칭찬하라고 하니까 쑥스럽다고 눈치 보던 아내가 마음에 담아 두고 있던 칭찬을 남편에게 하자 남편은 눈시울을 적시면서 아내의 손을 꼭 잡고 떨리는 목소리로 한참을 바라보더니 용서를 구하고 더 열심히 노력하겠다고 말을 하는 것이었다.

보통 부부들은 성격상 부부간에 마음속에 있는 말들을 제대로 안 하고 산다는 것이 문제이다. 자신 안에 있는 솔직한 마음들을 이야기할 수 있다면 오해가 줄어들고, 그 마음을 표현하고 헤아리는 관계 속에서 감동이 꽃피어 관계가 좋아질 수 있는데도 말이다.

비록 상담사에 의해서 서로 간에 칭찬을 주고받기는 했지만 이 부부는 진심 어린 부부의 마음을 확인하면서 어려움을 잘 극복할 수 있었다. 우리가 스스로 할 수 없는 경우가 많이 있으므로 누군가의 도움을 필요로 할 때는 기꺼이 도움을 요청해 보는 것도 중요하다. 특히 글로 써서 표현해 보는 것도 추천하고 싶은 방법 가운데 하나이다. 쑥스러워서 얼굴을 마주 보고 하지 못하는 경우에는 글로 표현해서 자신의 속마음을 전달하면 감동을 줄 수 있다. 지금보다 행복한 부부로서의 삶을 살 수 있다면 기꺼이 자존심을 내려놓고 인생의 수정 작업을 한번 시도해 보는 것도 좋을 것이다.

다섯 번째 단계

다름에 대한 마주함

1. 상대방에게 나를 맞추라
2. 희생하기
3. 미·사·고

다섯 번째 단계

다름에 대한 마주함

1. 상대방에게 나를 맞추라 / 2. 희생하기 / 3. 미·사·고

1. 상대방에게 나를 맞추라

　사람이 누군가와 마주한다는 것은 어떤 의미일까? 지금은 돌아가시고 안 계시지만 장인어른과 장모님의 모습을 떠올리면 돌아가실 때까지 잉꼬부부로 서로를 아끼며 살아가신 두 분의 모습을 떠올리게 된다. 상대를 있는 그대로 받아들일 수 있는 마음 자세가 있을 때 부부가 서로 마주할 수 있을 것이다. 모든 고난과 힘듦을 이겨 내고 마주 앉은 부부의 모습은 입가에 엷은 웃음과 서로가 그간 고생한 것에 대한 위로의 눈빛을 교환하며 대면하고 있는 모습일 것이다. 다름에 대한 마주함은 바로 상대방에게 나를 맞출 수 있는 마음자세가 되어 있을 때 가능하다.

　아스퍼거 신드롬(Asperger Symdrome)은 타인에 대해서 이해하지 못하고 자기 속에 갇혀 지내는 사람들을 일컫는다. 이들은 남의 입장을 전혀 생각하지 못하는 것이 특징이다. 이기적인 사람들은 자기 욕심 때문에 다른 사람의 입장을 알면서도 이기적으로 행동하게 되지만, 이 아스퍼거 신드롬은 다른 사람의 입장을 전혀 고려하지 않는다.

그런데 만약 부부간에도 이런 현상이 벌어진다면 얼마나 안타까운 일이겠는가? 배우자는 전혀 고려하지 않은 채 자신의 욕망과 욕구만 충족하려 하고, 자신이 하고 싶은 일만 하며 타인의 감정을 전혀 배려하지 않은 채 삶을 살아가는 아스퍼거증 부부들이 오늘날에 많이 있다. 부부간에 배려한다는 것은 눈높이를 상대방에게 맞추는 것이다. 위에서 아래를 보면 무시하고 경멸하는 것이 될 것이고, 아래에서 위를 보면 고개를 들고 보는 불편함이 있을 것이고, 옆으로 보면 곁눈질로 판단하고 편견으로 보기 때문에 불편한 관계가 된다.

손자의 말을 경청하기 위해 무릎을 꿇고 눈높이를 맞추는 할아버지의 모습은 참으로 인상적이며 감동적이다. 마찬가지로 부부간에도 눈높이를 맞춰서 대화하고 이해하려는 사려 깊은 마음과 배려심이 절실하게 요구된다. 그렇게 하기 위해서는 배우자에게 나를 맞춰야 한다. 자신의 고집과 아집을 버리고 좀 더 합리적으로 살아가려고 하는 마음가짐과 자세가 필요하다. 여전히 내 고집이 살아 있는 한 상대의 어떤 말도 귀에 들어오지 않을 것이며, 서로간의 팽팽한 긴장 상태가 지속될 것이다.

필자 역시도 고집을 버리지 않았을 때는 배우자가 아무리 이야기해도 귀를 닫은 채 "너는 너, 나는 나" 마치 물과 기름처럼 섞일 수 없는 관계가 계속되었다. 그러나 이 모든 과정을 경험하면서 먼저는 나의 상처를 이해하고, 아내의 상처를 이해하고 받아들임으로써 배우자에게 나를 맞춰 갈 수 있었다.

배우자와 마주한다는 것만으로도 무장 해제하고 편견을 버리고, 고집을 버리고, 배려하고 수용하고자 하는 마음이 들었다는 의미일 것이다. 결국 마주한다는 것은 달리 표현하면 배려하고자 하는 마음이며, 이 밑 마음에 깔린 공명과도 같은 것이다. 공명은 말하지 않아도 상대의 마음이 전이되어 편안한 관계를 유지하며, 손을 잡고만 있어도 같은 느낌이 전달되어 사랑의 감정을 충분히 느끼는 것이다. 마치 파장이 전달되어 다른 곳에 소리를 만들어 내듯, 우리 마음이 파장을 이루고 이것이 다른 곳에 전파되어 소리를 느끼게 되는 것과 같다. 숲속을 거닐고 나무를 보며 이야기하지 않고 정적이 흘러도 미소를 머금고 상대의 마음을 알아채고 대화 없는 대화를 하는 것이다. 부부가 서로 마주한다는 것은 공명을 느끼며 마주한다는 것이다. 이 얼마나 가슴 뛰는 일이겠는가?

2. 희생하기

    부부에게 있어서 다름에 대해서 마주한다는 것은 희생이다. 희생 하면 떠오르는 인물이 있다. 바로 예수님이다. 예수님께서는 온 인류를 위해 기꺼이 희생하시고 자신의 목숨까지도 내어 주셨다. 희생(犧牲)이라는 단어에는 '다른 사람이나 어떤 목적을 위해 자신이나 가진 것들을 바치거나 포기하다'라는 의미가 담겨져 있다. 그렇다면 이것을 부부에게 적용한다면 첫째는, 다른 사람이나 어떤 목적을 위해 자신이나 가진 것들을 바친다는 의미이다. 배우자를 위해서 자신이 가진 것을 바친다고 하면 의아해할 수도 있다. 이것의 의미에는 아까워하거나 계산하지 않고 준다는 뜻이 담겨 있다. 보통 부부들이 가끔 대화를 할 때 처음 연애 시절 그때로 돌아간다면 하고 생각할 때가 있을 것이다.

    연애할 때는 하늘의 별이라도 따다 줄 것처럼 그리고 대부분의 남성들이 여성들에게 "내가 결혼하면 물 한 방울 안 묻히게 하겠다, 행복하게 해 주겠다, 나와 결혼만 해 다오"라고 이야기하거나 세상에서 가장 멋진 이벤트로 프러포즈를 하기도 한다. 아내의 행복이나 남편의 행복을 위해서, 결국 부부의 행복을 위해서 자신의 것을 바칠 수 있어야 한다는 것이다.

    둘째는, 다른 사람이나 어떤 목적을 위해서 자기 자신이 소유한 것을 포기한다는 의미이다. 부부간에 포기한다는 것은 무엇일까? 예를 들면, 남편이 아내와 다툴 때가 있는데 이 남편은 아내에게 항상 멋진 선물을 줄 것처럼 선전 포고해 놓고 막상 그때가 되면 그보다 조금 못한 선물을 해 가면 잔뜩 기대했던 아내가 기분 상한다면서 싸움을 한다고 한다. 다른 한 부부는 내가 잘 하겠노라고 다짐하면서 그 순간을 모면했는데 그 상황이 재연되면 "나만 왜 이래야 돼"라고 억울한 마음이 들어서 또다시 싸움을 한다고 한다. 부부간에 무언가를 포기한다는 것은 쉽지가 않은 이야기이다. 내 것을 준다는 것은 아까운 생각이 들기도 하고 항상 나만 왜 이렇게 참고 살아야 하는가? 라고 생각하는 '억울함'이 꼭 방해꾼처럼 나타나게 된다. 이 방해꾼을 없애지 않는다면 아무리 노력을 해도 소용이 없다.

그렇다면 방해꾼을 사라지게 할 방법은 무엇이 있을까. 컵에 물을 계속 부으면 넘치게 된다. 이 넘쳐서 흐르는 물로 인해 주변이 적셔진다. 그러나 컵에 물이 없으면 넘칠 수가 없다. 마찬가지로 우리 마음과 우리 형편이 넘쳐야 한다. 이것은 자존감과 관련이 있다. 자신의 자존감을 높여 주지 않는다면 해결하기 힘든 것이다.

따라서 자신의 있는 그대로 사랑하고 인정해 주는 훈련이 필요하며, 배우자에게 다른 사람과 비교하기보다는 있는 그대로를 인정해 주고 특히 장점을 이야기해 주는 것이 무엇보다 필요하다. 인간은 완벽한 사람이 없으며, 완벽하고자 하는 순간 부족함을 직면해야 하는 나약함의 굴레에 빠져들게 되어 있다. 자신의 부족한 면을 끄집어내서 본다는 것이 쉬운 일이 아니다. 그래서 힘들다. 이를 극복하기 위해서 부단한 노력을 해야 하며, 자기 자신을 먼저 사랑한 후 타인에게 주어도 아깝지 않은 만큼의 필요 충분 조건이 선결되어야 한다. 부부에게 있어 희생이란 배우자에게 자기 자신이 가진 것을 바치는 것과 자기 자신이나 가진 것을 포기하는 것이라고 하였다. 이것은 희생이며 다름에 대하여 마주하는 것이다.

3. 미·사·고

1) 미안합니다

　우리가 세상을 살면서 가장 많이 하고 들어야 할 단어 가운데 '미·사·고'라는 단어가 있다. 우리 주변에 큰 사건 사고가 일어났을 때마다 동영상이나 문자에 남긴 마지막 메시지 가운데 가슴 찡하게 울림을 주는 단어들이 있다. 평상시에 하지 못했던, 그래서 늘 죄책감으로 살아야 했던 "미안합니다"라는 말이다. 우리는 "미안합니다", "죄송합니다"라는 말을 사용하는 것을 정서상 무척 힘들어하고 잘 안 되는 것이 사실이다. 우리의 정서상 이 말을 사용하면 안 되는 것처럼 아끼고 아끼다가 큰마음과 용기를 내서 사용한다. 그래서 죽음에 임박해서 죽기 전에 하고 가는 말이 되어 버렸다. 그전에 살아 있을 때 "미안하다"라고 관계 하는 사람들과, 특히 가족과 부부간에 자녀에게 마음속의 응어리들을 풀고 가면 얼마나 좋을까 하는 생각을 해보게 된다. '미리미리 하면 안 되는 것인가'라는, '마치 숙제하듯이 미루고 미루다 하는 것일까'라는 의문이 생기기도 한다.

　그런데 부부간에는 더욱 고착된 단어일 것이다. 가부장적인 집안에서 자란 사람일수록 더욱 하기 힘든 말이 되어 버렸다. 부모 세대로부터 가부장적인 가정에서 자란 사람들은 '남자는 하늘이고 여자는 땅'이라는 남존여비 사상을 가르치는 부모 밑에서 자란 세대이기 때문에 더욱 그럴 수 있다. 그래서 더욱 말하기 쉽지 않은 단어이다. 최근에 여타 매체나 교육을 통해서 조금씩 대화 훈련도 하고 프로그램에 참여한 부부라면 그나마 조금은 다르게 접근할 수 있을 것이다.

　미안하다는 말은 상대방에 대한 진심 어린 감정에 호소해야 한다. 단순히 위기를 모면하려는 수단이나 마지못해 하는 미안하다는 말은 오히려 상대방으로 하여금 신뢰를 깨뜨릴 수 있기 때문이다. "미안해, 미안해. 이제 됐지?"라고 말한다든지 마음에서 우러나오는 진심 어린 뉘우침이 없이 립싱크로 하는 "미안해"라는 말은 순간 모면하려는 것으로밖에는 생각할 수 없다. 오히려 상대를 더 화가 나게 한다.

　먼저 '상대의 마음이 얼마나 아플까, 얼마나 힘들어하고 있나'를 생각한 후 상황을 설명하고 감정을 이해해 주고 미안해해야 한다. 그래야 상대로 하여금 용서받고 화해할 수 있게 된다. 우리는 부부로 숱한 세월을 겪으면서 어느 누구보다도 서로를 잘 안다. 그래서 자존심만 내려놓으면 되는데 아무것도 아닌 일에 오기를 부리게 되며, 상대를 힘들게 한다. 괜한 고집 부리지 말고 자존감을 높이려고 노력해야 한다. 오히려 마음이 넓은 사람이 타인을 이해하는 힘도, 타인을 수용하는 힘도 크다고 할 수 있다. 이제 배우자를 위해서 수용하고 존중하는 넓은 마음을 가지고 다가가서 마주하는 사람이 되자.

　사과에 대한 내용을 정리해 보면 사과하는 것에도 원칙이 있다. 첫째, 구체적으로 말하자. 사건과 상황을 설명하고 내가 미안하게 생각하는 것은 구체적으로 이야기하라. 둘째, 상대의 상처받은 감정을 표현하라. 이 사건으로 인해서 상대방이 상처를 받은 것에 대한 감정을 표현해 주라. 셋째, '생각'이라는 단어를 사용하지 마라. "이렇게 생각합니다"라는 말이 괴변으로 들릴 수 있어서 오히려 상대를 화나게 할 수 있기 때문이다. 넷째, 주체는

'내'가 되도록 표현하라. '내가' 노력하겠습니다, '내가' 잘못을 인정합니다 등의 표현을 하라. 이런 원칙을 염두에 두고 사과하는 훈련을 해 보면 차츰 익숙해질 것이다. 진심은 백 마디 말을 하지 않아도 서로 알게 되는 것이며, 진심 어린 사과와 함께 한다면 너무나 멋진 화해와 용서의 자리가 될 수 있을 것이다.

2) 사랑합니다

미국 코넬대학교 인간행동연구소에서 2년 동안 조사한 결과에 따르면 연인 간, 부부간 사랑하는 지속 시간이 30개월이 채 안 된다는 연구 결과가 나왔다. 즉 사랑에도 유효 기간이 있다는 결과이다. 연구 결과에 의하면 남녀 간의 사랑, 더 나아가서 부부의 사랑은 30개월 이후부터는 서로가 노력을 하지 않으면 안 된다고 한다. 그래서 대개의 경우 결혼 2~3년 차가 되고 아이가 하나둘 생기면서 남자들은 가정에 소홀해지고 아내들은 가사 노동에 아이 양육에 지쳐 가기 시작한다. 사랑이란 3개의 단어로 표현하는데, 에로스(eros), 아가페(agape), 필리아(phillia)라는 그리스어이다. 에로스는 정열적인 사랑을 말하며, 아가페는 예수 그리스도의 헌신적이고 조건 없는 인간에 대한 사랑을 의미하며, 필리아는 독립된 이성 간 우정, 즉 동료나 친구 간의 우정을 말한다.

사랑이란 상대에게 베푸는 행위로서 대가를 바라지 않고 조건 없이 주는 행위라고 정의할 수 있다. 성경에는 사랑이라는 단어가 무려 613번이나 나오는데 부부간에 제일 중요한 것은 사랑일 것이다. 에리히 프롬은 사랑은 관심을 갖는 것이며, 존경하는 것, 이해하는 것, 책임감 그리고 주는 것이라고 정의하고 있다. 강의 때마다 수강자분들에게 질문하는 한 가지가 있는데, "지금도 부부간에 사랑하십니까? 다시 태어나도 지금의 남편과 또는 아내와 결혼하실 분 손 들어 보세요"라고 질문하면 "무슨 사랑 그런 말 잊고 산 지 오래됐어요", "남사스럽게"라고 대답하는 분들이 대부분이다. 간혹 다시 태어나도 결혼하겠다고 자신 있게 손 드는 부부가 있기는 하지만 거의 드물다. 더군다나 결혼한 지 20년 이상 된 중년 부부들의 경우 그 말을 언제 사용했는지조차 기억이 나지 않는다고 이야기하는 사람들도 있다.

부부간에 회복되어야 할 것 가운데 한 가지가 '사랑'이라는 단어를 사용해야 한다는 것이다. 회복한다는 것은 없는 것을 만들어 내는 것이 아니라 갖고 있지만 잊고 있었던 것을 끄집어내는 것이다. 다시 말해서 우리 마음속에는 사랑이라는 감정이 있지만 그것을 잊고 살아간다는 것이다. 따라서 다시 꺼내서 사랑하기만 하면 된다. 그것은 앞에서 말했듯이 무언가 대가를 바라지 않고 하는 행위로서 조건 없이 아내에게, 남편에게 혹은 자녀에게 주는 것이다. 어떻게? 용기를 내서 하는 것이다. 한 가지를 덧붙이자면 사랑에는 용기가 필요하다. 아무리 좋은 것으로 소유하고 있어도, 일부러 멋진 계획을 가지고 있어도 '용기'가 없어서 실천하지 못한다면 무슨 의미가 있겠는가? 만약 지금껏 망설였다면 용기를 내서 실천할 수 있기를 바란다.

3) 고맙습니다

'고맙습니다'의 어원은 '고마'이다. '신(神)', '존경(尊敬)'이라는 의미로서 '신을 대하듯 존경한다'는 뜻을 지닌 말이 바로 '고맙다'이다. '고맙습니다'라는 말은 '은혜를 베푼 상대를 신과 같이 거룩하며 진지하게 생각한다'는 뜻이다. 가족 간에 부부 또는 자녀가 부모에게 존중하고 존경받는 사회가 되고 서로를 신처럼 대접하며 존중한다면 정말 아름다운 가정들이 될 것이다.

부부로서 서로의 역할을 감당하고 인내하며 살아 준 고마움, 또는 자녀로서 가족의 일원이 되어 주며 살아온 지난 시간에 대한 고마움, 자녀의 부모가 되어 주고 낳아 주고 길러 준 것에 대한 고마움의 표현으로서 '고맙습니다'라는 말을 평소에 나누고 산다면 얼마나 은혜로운 가정이 되겠는가? 그러나 현실은 그렇지가 못하다는 것이 아쉬움으로 남는다.

일상생활에서 고마움에 대한 표현을 하는 데 몇 가지 원칙을 제시하고자 한다. 첫째, 타이밍이다. 제일 중요한 것은 언제 표현하느냐이다. 적절한 시간을 놓치고 나서 후회하거나 다음으로 미룬다면 상대방도 의아해할 것이다 그리고 이미 기분도 나지 않아서 별로 감흥이 없게 된다. 둘째, 감동을 줘라. 상대가 전혀 예상치 못하게, 뜻하지 않게 표현한다면 감동은 배가될 것이다. 셋째, 글로 써라. 말로 하는 것보다는 오히려 손 편지를 써서 자신의 마음을 표현한다면 더 효과적이다. 글로 자신의 마음을 상대에게 깨알같이 표현해 보도록 하자. 특히 말이 많지 않고 표현이 잘 되지 않는 부부일수록 효과적이다. 넷째, 이벤트를 활용하라. 특별한 이벤트를 잘 준비해서 배우자에게 표현한다면 상대방도 매우 만족할 것이다. 그냥 멋없이 툭 편지를 주는 것보다 촛불이라도 하나 켜 놓고 음악이라도 틀어 놓고 감각 있게 분위기를 잡는다면 진정성이 담긴 고마움에 대한 표현이 될 것이다.

세상은 가만히 생각해 보면 고마운 일들이 얼마나 많은가? 건강을 잃어 본 사람은 건강한 것에 대해서 고마운 일이고, 부부로 살아 줘서 고맙고, 자녀가 건강하게 잘 자라 준 것만으로도 고마운 일이다. 필자의 집 안에는 곳곳에 흰밥이 든 두 개의 페트병이 있다. 하나는 "고맙습니다"라고 적고 매일 긍정의 말이나 칭찬의 말을 페트병에 대고 하고, 다른 하나는 "미워"라고 적은 후 불평과 원망을 쏟아 놓을 일이 있을 때 그 페트병에 대고 말을 하도록 해 놓았다. 결과는 매우 놀라웠다. 하나는 흰 곰팡이가 피고 다른 하나는 검게 썩어 버렸다. 마찬가지로 고구마를 긍정과 부정의 병에 나누어서 놓아둔 후 실험해 보았다. 부정의 말을 듣고 자란 고구마는 [사진 2]처럼 덜 자라거나 잎이 말라 죽게 되었고, 긍정의 말을 듣고 자란 고구마는 아주 풍성한 잎을 가지고 자라는 것을 실험을 통해서 알 수 있다. 이것을 강의할 때마다 활용하는데 한 번씩 해 본 사람들은 시간이 지난 후에 전화를 하거나 메시지를 남긴다. 그리고 그들은 언어의 습관을 바꾸기로 했다고 말한다. 지금 당장 내 옆에 있는 사람이 얼마나 소중하고 고마운 사람인가를 깨닫고 표현해야 한다. 멋진 이벤트가 아니더라도 소소하게 감동을 줄 수 있는 타이밍을 노려 보는 것도 좋을 것이다.[04]

---

[04] 부록 3. '미안한 마음, 고마운 마음, 세 가지 이상 표현하기' 참고

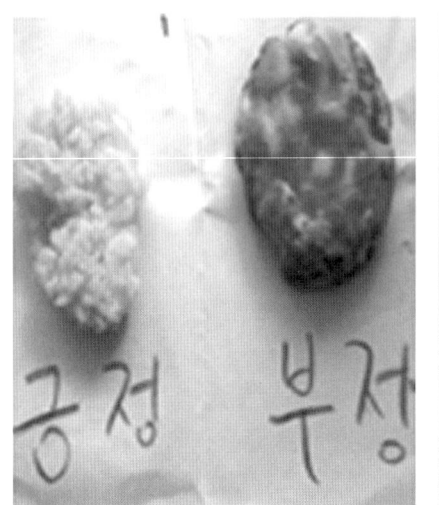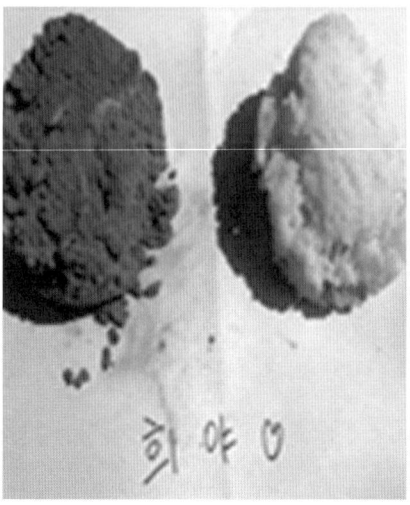

[사진 1] 긍정 부정 실험: 흰밥(긍정)과 곰팡이 핀 밥(부정)

[사진 2] 긍정 부정 실험: 고구마

여섯 번째 단계

다름에 대한 보듬음

1. 스킨십으로 보듬기
2. 마음으로 끌어안기
3. 부부의 성을 반드시 회복하기

여섯 번째 단계

다름에 대한 보듬음

1. 스킨십으로 보듬기 / 2. 마음으로 끌어안기 / 3. 부부의 성을 반드시 회복하기

1. 스킨십으로 보듬기

중년 부부의 위기에서 중년의 나이가 되면 자녀들이 성장하여 하나둘 곁에서 떠나면서 허전함을 느끼는 빈 둥지 신드롬이 나타나게 된다. 이때는 여성들의 폐경기를 전후해서 나타나게 되므로 정신분석학자 융은 40세 전후를 이전에 가치를 두었던 삶의 목표와 과정에 의문을 제기하면서 중년의 위기(Midlife Crisis)가 시작된다고 주장했다. 또한 남자들은 가정에서 직장에서 은퇴를 한다든지, 명예퇴직을 하면서 자신이 설 자리가 점점 없어지게 됨으로써 심리적 소외감, 외로움의 현상이 나타나는 샌드위치 신드롬(Sandwitch Syndrome)이 나타나게 된다. 중년 남성들이 겪는 스트레스는 직장과 가정에서 이중고를 경험하게 되는 것이며, 이로 인한 온갖 스트레스로 질병이 나타나게 되며 정신질환으로 상담을 받게 되는 경우도 증가하고 있다.

이러한 중년 부부의 위기를 서로 보듬어 안으면서 이겨 낼 수 있는 대안으로 무엇이 있을까? 사랑의 호르몬이라 불리는 옥시토신(Oxytocin)은 사

람의 통증과 긴장을 완화시켜 주며 사랑과 신뢰의 감정을 높이는 효과가 있다고 알려져 있다. 그런데 이 옥시토신을 만들어 내는 유일한 방법이 '스킨십'이다. 연인 또는 부부간의 포옹이나 키스는 스트레스 호르몬 코르티솔 분비를 낮춰 옥시토신 분비를 증가시켜 준다.

포옹은 신경전달 물질인 아드레날린과 세로토닌을 증가시켜 주며, 두려움이나 외로움을 극복하게 해 주고 긴장을 풀어 주고 위안을 느끼게 하는 정신적 치유의 효과가 있다고도 알려져 있다. 키스는 뇌를 자극해서 엔도르핀을 분비시키며, 엔도르핀은 모르핀보다 무려 200배 강한 진통 효과가 있다고 한다. 또한 키스에는 면역력 증진 효과도 있다. 우리가 키스할 때 약 8,000만 마리의 세균을 주고받는데, 이는 세균에 대한 저항력을 높여 준다고 보고되고 있다.

중년이 되면 이제 부부만이 남게 된다. 부부가 서로 의지하고 따뜻한 애정을 통해서 대화하고 스킨십을 통해서 친숙해질 때 서로의 부족한 부분을 채울 수 있게 된다. 중년 위기를 부부가 함께 새로운 목표를 세우고 함께 공동으로 지혜를 모아서 대처해 나가는 것이다. 삶의 공동 목표라 함은 함께할 수 있는 시간을 최대한 많이 가지도록 노력하는 것이다. 여행을 하면서 손을 잡고 풍경을 감상하면서 느낌을 느끼기도 하며, 이는 굳이 말로 표현하지 않아도 서로가 느낌을 알게 되는 공명(resornance)과도 같은 것이다. 여행이나 운동 그리고 취미 생활을 혼자 하기보다는 공동으로 할 수 있는 부분을 찾아서 하도록 노력하는 것이야말로 중년 위기를 극복함은 물론 행복한 부부 생활이 시작되는 길이다.

2. 마음으로 끌어안기

'고슴도치 딜레마(Hedgehog's Dilemma)'란 인간관계 초기부터 상대방과 일정한 거리를 두고 자기방어를 하려는 사람들의 심리를 일컫는 말이다. 고슴도치로 살아가는 것은 외로움과 싸우는 것이며 뾰족한 가시를 곤두세우고 살아가는 것이다. 고슴도치처럼 살기보다는 둥글게 사는 법을 배워야 한다. 부부들이 상담에 오면 별것도 아닌 일에 섭섭해하고 자존심을 부리면서 작은 싸움이 긴 시간 지속되어 결국 오랜 시간 동안 대화마저도 중단한 채 "건드리기만 해 봐. 찔러 버릴거야"라는 식으로 툭툭 던지는 대화를 하며 살아가게 된다. 이렇게 하지 않으면 배우자에게 상처를 입게 되므로 방어하는 전략을 세운 것이 다치기 전에 선제공격을 하자는 것이다. 이 심리 안에는 섭섭함과 외로움, 결국 나는 혼자라는 생각이 지배적이기 때문에 이런 관계가 오랜 시간 고착되면 억울함과 분노로 이어지게 된다. 상담받는 내내 억울함의 눈물을 쏟고 나서야 한참 후 "휴~" 하고 한숨을 내쉬는 경우를 보게 된다. 아내로서 남편에게 받은 거절감과 배신감의 상처가 쉽게 사그라들지 않는다는 것이다. 남편 또한 어디서부터 풀어야 할지 실마리를 찾기란 쉽지 않다.

이런 관계를 회복하려면 우선 심리적 무장 해제를 서로 선포해야 한다. 그리고 나서 상대방의 말에 수용적 자세를 보여야 한다. 그동안 서로에게 안겨 준 상처 입은 마음에 대해서 구체적으로 사과하고 용서의 애도 과정을 반드시 거쳐야 한다. 애도 작업을 통해서 아내의 아픔과 남편의 아픔 그리고 그간의 섭섭함과 서운한 마음 때문에 힘들었을 상처가 잘 아물도록 도와

주어야 한다.

필자는 상담을 하면서 부부의 감동스러운 장면을 자주 보게 된다. 너무나 힘들게 했던 서로 간의 마음이 고슴도치처럼 날카롭게 세웠던 가시들을 접고 눈 녹듯 스르르 녹아내리면서 서로 부둥켜안으며 그간의 상처에 대해서 용서하는 과정을 통해서 끌어안고 우는 부부들을 보면서 눈시울을 적신 적이 있다. 부부로 연을 맺고 살면서 어려운 일도 많고 힘든 일도 많이 있지만 행복한 부부로 거듭나기를 바라는 때가 많이 있다.

사람은 사회적 동물이다. 타인의 고통을 이해하면서 얼마나 아플까에 대해서 배우자의 감정을 알아주고 "여보 지금 이런 상황이 참 힘들고 버겁겠다. 그런데 내가 그 힘듦을 함께해 주지 못해서 미안하다"라든지, "여보, 지금 이런 상황이 되니까 얼마나 좌절감과 낙심되는 마음일까. 그렇지만 함께해 나가자. 미약하나마 도울게" 등의 표현을 하며 살도록 권하고 싶다. 다름에 대해서 보듬는다는 것은 조금의 불편은 참고 배려하고 이해해 가면서 함께 살아간다는 것이다.

3. 부부의 성을 반드시 회복하기

우리 사회에서 이혼 부부는 점차 늘어가고 있는 추세이며 근본 원인으로 성격 차이 때문이라고 밝혀지고 있다. 그러나 성격 차이가 결국은 부부의 성적인 차이 때문에 발생한다. 이 말은 부부의 성적인 문제가 많이 발생되고 있다는 사실을 반증하는 것이며 부부의 성적인 부분이 매우 중요하다는 것을 말해 주고 있다. 결혼 초 20~30대 중후반까지 대부분은 남자가 성적인 부분에서 지배적이며 압도적이다. 남자는 아내에게 밤마다 관계를 요구하게 된다. 그러나 아내들의 경우 출산 후 변화된 몸매나 육아 스트레스 등으로 남편을 잠자리에서 밀쳐내게 된다.

침실에서 밀려난 남편들은 심한 모욕감 그리고 수치심이 올라오면서 갈등이 시작된다. 심지어는 밖으로 한눈을 팔기도 하며 결국 불미스럽게 외도로까지 발전하게 되고 급기야 이혼하는 경우도 발생한다. 또는 부부 갈등만 더 심해져서 부부간의 또 다른 문제로 발전하게 되는 경우도 있다. 이렇게 볼 때 부부의 성은 그냥 쉽게 간과할 수 있는 부분도 그리고 숨겨 두고 볼 일만도 아니다. 중년의 여성은 신체적으로 많은 변화가 있게 된다. 출산 후 신체의 변화로 인한 잠자리 기피 현상과 갱년기 여성이 겪은 심리적, 정서적 변화로 인한 고통까지 더해지면서 잠자리를 멀리하게 되는 경우가 많다고 할 수 있다.

보편적으로 남자들은 40대 중후반이 되면서 심한 스트레스 등으로 인한 발기부전이나 신체적 변화로 인해 성적인 흥미를 잃게 되며 자신감을 잃게 된다. 반대로 여성들은 오히려 40대 중후반 갱년기 이후 성욕이 증가하여 적극적으로 변한다. 잠자리에서 힘을 잃고 피하려고만 하는 남편을 향해 수치심을 주기도 한다. 급기야 부부의 성적인 부분은 미궁으로 빠지게 되며 배우자 중 한쪽이 피하게 되는 현상으로까지 이어진다. 우스갯소리로 얼마 전에 만난 50대 초반 한 남성분이 출장을 갔다가 열흘 만에 집에 왔는데 아내가 샤워하는 소리를 들으니까 겁이 난다는 이야기를 하는 것을 들은 적이 있다.

중년 부부의 성은 또 다른 인생의 전환기이자 제2의 신혼으로 안내하는 중요한 전환점이 될 수도 있다. 그렇다면 어떻게 하면 중년 부부의 성적인 만족도를 업그레이드 할 수 있을까. 남성이 사정할 시간과 여성이 오르가슴에 도달하는 시간이 조화롭게 만나기 위해서는 여성과 애무하는 시간을 좀 더 오래 가져야 하며 여성이 어느 정도 흥분했을 때 관계를 해야 한다. 이렇게 하려면 부부간에 부드럽고 편안한 대화가 필요하다. 그리고 "사랑한다"는 말을 넌지시 하면서 서로 교감을 자극하면서 애무를 한다면 여성은 좀 더 흥분할 것이다. 남성은 애무하면서 여성이 신음 소리를 내며 흥분하는 모습을 보면서 흥분한다. 여성은 청각에 민감하며 남성의 끈적끈적한 땀 냄새를 통해서 흥분한다. 이렇듯 최고조에 다다랐을 때 만족스런 부부의 성관계를 할 수 있다.

부부 사이에 서로의 몸은 아름답고 부부간에 안전하게 공유할 수 있다고 생각하며 내주어야 한다. 어떤 아내는 남편이 애무하려고 하면 냄새 날까봐 못 하게 하거나 몸매 때문에 창피하다고 내어 놓지 못해서 애무도 못 하고 재미도 없고 흥미를 잃게 된다고 한다. 그러나 최근에 만난 부부는 마사지 오일을 구매해서 마치 성스러운 의식이라도 하듯 조명으로 분위기를 맞추고 마사지 오일로 아내를 최대한 진정시키면서 마사지도 하고 애무도 하면서 성관계를 했더니 만족스러운 성관계를 할 수 있었다고 이야기한다. 부부의 성 생활은 신이 인간에게 내린 최고의 선물이며, 그 어떤 것보다도 소중하고 아름다운 부부만의 또 다른 소통 도구이다. 따라서 사랑스러운 공간과 시간을 연출하는 무대가 될 수 있도록 노력해야 하며, 그 무대의 주인공 역할은 바로 남편과 아내 두 사람의 몫이다.

일곱 번째 단계

다름에 대한 인정

1. 퍼스낼리티의 다름을 인정하기
2. 나에게 용기를 주자
3. 배우자에게 용기를 주자

일곱 번째 단계

다름에 대한 인정

1. 퍼스낼리티의 다름을 인정하기 / 2. 나에게 용기를 주자 /
3. 배우자에게 용기를 주자

1. 퍼스낼리티의 다름을 인정하기

　심리학자 아들러는 '강한 열등감'이라는 표현을 하였다. 우리가 일상생활에서 쉽게 사용하는 말 가운데 하나로, 다른 말로 '열등감 콤플렉스'라고도 하는데 실패의 원인을 다른 것으로 돌릴 때 사용하는 말이다. 부부간에 가끔 싸움을 하거나 다툼이 생기면 "당신 성격 때문이야. 당신 성격이 급해서 그래", 아니면 "당신이 그렇게 하니까 그렇잖아"라는 말을 종종 하게 된다. 그런데 듣는 사람들은 이유를 듣고 나면 수긍이 간다는 것이다. "음, 그렇구나"라고 속아 넘어간다는 것이다. 다시 말하면 거짓말을 하는데도 속고 만다는 것이다. 그러나 이것은 어디까지나 모든 사건과 그에 대한 사실을 본인이 책임지지 않으려고 회피하기 위한 구실에 불과하다. 사람은 자신이 드러나는 것에 대해서 수치심과 두려움을 갖고 있기 때문에 대부분이 수용해 버리는 경향이 있다. 아니면 강하게 부정해서 다툼이 일어나기도 한다.

　퍼스낼리티(personality)가 사람이 갖고 있는 고유한 성격이라고 할 때에, 부부간에 서로의 성격에 대해서 인정한다는 것은 매우 중요하다. 퍼스낼리티는 원래 페르소나(persona)에서 유래한 것으로서 사람들이 겉으로는 잘 드러나지 않는 개인 내적인 특성을 말한다. 가면이라고도 일컬어지는 말로서 인간의 표면 뒤에 숨겨진 진짜 모습이라고도 할 수 있다. 이는 결국 다른 사람들과 차별화를 두며, 타인과의 관계에서 여러 가지 다양한 반응을 하게 하는 작용점으로 작용할 수 있다. 따라서 어떤 심리적 결정을 하게 되는 중요한 요소이며 심리적 특성이기도 하다. 사람들은 페르소나를 다 갖고 있으며 마치 카멜레온처럼 다양한 색깔로 자신을 포장하기도 한다.

그러나 우리가 한층 더 인식해야 할 것은 다른 사람의 퍼스낼리티를 바라보는 것은 나의 투사라는 사실이다. 우주상에 존재하는 인간을 비롯한 모든 생명체는 어느 것 하나 같을 수 있는 것이 없다. 인간 또한 삶의 의미가 다를 수밖에 없으며 가치관이 다르기 때문에 존재의 의미가 다를 수밖에 없다. 내가 생각하고 내가 보는 시선으로 타인을 보게 되는 것은 편협한 오류에 빠지게 만든다. 두말할 것도 없이 나라는 존재는 완벽할 수 없으며 우리 인간은 미완의 존재이기 때문에 다른 사람을 내 가치관이나 주관으로 바라보는 것은 삼가야 된다. 이것이 퍼스낼리티의 진정성이다. 이제 남편이나 아내를 바라볼 때 다르다는 사실을 이해하고 인간의 내면 깊숙이 자리하고 있는 퍼스낼리티의 발견과 이해를 통해서 조화로운 관계를 이루어 나가야 한다.

2. 나에게 용기를 주자

자기 자신에게 용기를 준다는 의미는 무엇일까? 가끔 우리는 매스컴을 통해서 어려움에 처한 사람을 구해 줘서 용감한 시민상을 받는 사람들을 접하게 된다. 그런 용감한 행동을 하신 분들의 면면을 보면 우리와 다를 바 없는 평범한 분들이다. 그런데 차이점이 있다면, 보통의 사람들은 위험에 처한 사람들을 보면 그냥 지나치거나 다른 사람에게 양도를 한다. 그러나 이런 분들은 찰나의 순간에 분명 내가 돕지 않으면 안 된다는 암시를 스스로에게 건다. 아들러는 이를 가리켜 '공헌감'이라고 이야기하였다. 공헌감이라는 것은 자기 자신이 능력 여하를 떠나서 타인에게 도움을 줄 수 있다는 마음만 있으면 가능하다고 이야기하였다. 이것이 용기 있는 행동을 할 수 있게 만드는 것이다.

특별하게 능력이 뛰어나서 아니면 운동을 잘해서 하는 것이 아니라 다른 사람을 돕고자 하는 마음과 다른 사람이 나의 도움을 필요로 할 것이라는 믿음이 만들어 내는 거대한 작품인 것이다. 결국 나에게 용기를 준다는 것은 아들러가 말한 대로 공헌감을 갖도록 하는 것이다.

그리고 자신에게 용기를 부여하기 위해서는 끊임없이 노력해야 한다. 우선 말과 생각과 행동, 세 가지가 일치되도록 훈련을 지속적으로 해야 한다. 말을 통해서 위대한 결과가 나타난다는 것을 우리는 익히 알고 있다. 일본의 에모토 마사루의《물은 답을 알고 있다》라는 책에서 긍정의 말을 했을 때와 부정의 말을 했을 때 물의 결정체가 확연히 다르게 나타난다는 사실을 우리는 잘 알고 있다. 따라서 우리가 내뱉는 말 한마디의 위력이 얼마나 대단한 것인가를 잘 알 수 있다.

자신에게 장점을 발견하고 긍정의 말을 하며, 미래 지향적인 생각을 통해서 행동으로 옮긴다면 어느새 우리는 지금보다 더 멋진 사람으로 변화되어 있을 것이며, 더 멋진 삶으로 초대되어 있을 것이다. 우리는 지금보다 나은 삶을 꿈꾸며 살아간다. 여기에 이의를 제기하며 토를 달 사람은 아무도 없을 것이다. 그런데 지금껏 삶을 뒤돌아보건대 우리는 가정이 행복할 때 모든 것이 행복하다는 느낌을 더 잘 기억할 것이다. 아무리 개인적으로 성공한 삶을 살았을지라도 가정이 무너지거나 자녀 문제로 편안할 날이 없다면 그것만큼 불행하다고 느끼며 힘든 시간을 보내는 것도 없을 것이다.

나에게 용기를 준다는 것은 나를 통해서 가정의 아내나 남편 혹은 자녀가 행복할 수 있을 것이라는 생각을 하는 것이다. 내가 배우자와 자녀들에게 공헌할 수 있다는 생각과 배우자와 자녀가 나의 도움을 필요로 한다는 생각으로 돕고자 노력한다면 틀림없이 행복한 가정이 될 것이다. 아마 지금 이 순간도 나의 도움을 필요로 하는 가족원들이 있을 것이다. 물심양면으로 도움을 요청하고 있을지도 모른다. 용기를 내어서 행동으로 옮길 수 있기를 바란다.

3. 배우자에게 용기를 주자

　나의 아내는 연애할 때부터 지금까지 줄곧 사소한 것이라 할지라도 격려와 지지를 통해서 남편을 위로하고 힘을 주었다. 내가 거의 할 수 없는 자포자기의 순간에도 "당신이니까 하지" 또는 "당신 참 대단하다"라든지 처음엔 가볍게 하는 말처럼 들렸지만 진심으로 나에 대해서 인정해 준다는 것을 아는 순간 힘을 얻게 되었으며, 스스로 힘이 나게 됨을 알 수 있었다. 그런데 더 중요한 것은 이런 일관된 신뢰감이 형성되고 나면 차츰 시간이 지나면서 나의 대한 신뢰감과 "내가 그런 사람이구나"라는 스스로에 대한 믿음이 생겨나게 된다는 것이다. 상대에 대한 단점도 왜 없겠는가? 사람들은 남의 티끌이나 잘못한 점은 어찌 그리도 잘 찾아내는지 척척박사이다. 그런데 다른 사람에 대해서 인정하거나 장점을 이야기하라고 하면 정말 인색해지는 것이 사실이다.

　필자와 같은 사람이 이만큼 살아올 수 있었던 이유 중의 첫 번째는 하나님의 지극하신 은혜이며, 또 하나가 있다면 아내의 긍정의 메시지였을 것이다. 부족한 사람을 부족하다 하지 않고 긍정으로 자신감을 준 감사한 사람이다. 아내의 꾸준하고 지속적인 믿음의 말에 진정성이 느껴지면서 "내가 그런 사람이구나"라는 자신감과 자존감이 향상되어 가는 것을 느낄 수 있었다.

　다른 사람에게 용기를 준다는 것은 진정성 있는 긍정의 메시지를 주는 일이다. 단점이 보여도 단점을 인정하고 긍정을 찾아주는 말 한마디를 하는 것이다. 그 말을 듣고 분명 배우자는 스스로 변화할 것이다. 내가 믿어 준 만큼 상대도 진정성을 알게 되면서 변화하고자 노력을 할 것이다.

부모는 자녀들의 거울이라고 표현한다. 부모의 모습을 보고 자녀들은 아이 때부터 그 모습이 그대로 뇌리에 남아 기억하며 살아가게 된다. 부모가 웃는 모습을 보면 당연히 아이들은 행복해지고 편안함과 안정을 느끼며 심리적으로 안정된 생활을 할 수 있다는 것이다. 그러면서 성격이 형성된다. 그러나 부모가 자주 다투고 화난 얼굴, 불행한 표정을 보여 준다면 불편한 상태가 지속되고 정상적이지 못한 성격이 형성될 가능성이 높아진다. 부모가 자녀에게 미치는 영향에 대해서 발달 단계별로 살펴보면서 알아볼 필요가 있다.

행복한 부부 7단계

다름에 대한 끌림

부록 1. 'Life Story(과거 탐색: 삶의 이야기)'

다름에 대한 부딪힘

다름에 대한 알아감

부록 2. '비합리적 신념 심리 검사'

다름에 대한 받아들임

다름에 대한 마주함

부록 3. '미안한 마음, 고마운 마음, 세 가지 이상 표현하기'

다름에 대한 보듬음

다름에 대한 인정

2장

자녀 편

자녀의 다름의 美學

첫 번째

청소년 욕구와 성장 사이의 다름을 이해하기

1. 착한 아이 콤플렉스
2. 행복 호르몬
3. 욕구 사다리

첫 번째

청소년 욕구와 성장 사이의 다름을 이해하기

1. 착한 아이 콤플렉스 / 2. 행복 호르몬 / 3. 욕구 사다리

1. 착한 아이 콤플렉스

　상담을 하다 보면 착한 아이 콤플렉스로 살아온 자녀들이 대학에 들어가서 상담에 오는 경우를 많이 볼 수 있다. 착한 아이 콤플렉스로 살아온 자녀들의 특성은 내가 없고 부모가 더 중요시되고, 초점이 부모일 경우가 많다는 것이다. 왜 그럴까? 이유는 간단하다. 인정받고 싶은 욕구가 그만큼 크다고 볼 수 있으며 칭찬받는 데에 모든 에너지를 쏟게 되기 때문이다. 한마디로 자기 자신은 없는 것이다. 이렇게 살다 보니 문득문득 '나는 과연 뭐지? 왜 이렇게 살지?'라는 뜬금없는 생각을 하게 되고 이 뜬금없는 생각이 그나마 자기 자신을 돌아 보게 하는 중요한 기회가 된다. 그래서 상담에 오는 많은 젊은이들이 수치심과 좌절감에 빠지기도 한다. 차츰 자신에 대해서 깨닫게 되고 결국에는 자기 자신이 누군가의 인정이나 칭찬보다도 소중한 존재라는 것을 깨닫는 순간 고마워하고 그래도 잘 살아온 자기 자신을 위로해 주기도 한다. 그래도 젊은 나이에 이것을 깨닫고 상담에 오는 경우는 조금 일찍 자신을 찾는 소중한 기회가 된다는 것이다. 지랄 총량의 법칙이라

는 말이 있다. '지랄'이라는 단어의 뜻은 일명 정상적인 태도가 아닌 삐딱하게 어긋난 태도로 언어나 행동이 삐뚤어진 태도로 행동하는 것이다. 더 재미있는 것은 평생 죽을 때까지 지랄을 떨어야 하는 양이 정해져 있다는 것이다. 한마디로 중2병이든 사춘기에 접어든 시기든 지랄을 떨지 않으면 어느 때에 지랄을 떨지 모른다는 것이다. 그렇다면 차라리 자녀들이 사춘기에 접어든 시기에 자신의 감정을 충분히 표현할 수 있게 하는 것이 필요하다. 가령 조용하게 있는 듯 없는 듯 살아가다가 나이가 들고 결혼해서 40~50대에 접어들어서 철이 안 든 아이들처럼 행동하고 사고를 친다고 가정하면 얼마나 황당하고 우스운 일이겠는가? 어찌 보면 중2병이라는 신조어가 나오게 된 배경도 이해할 수 있을 것이다. 몇 년 전부터 황혼 이혼이라는 말이 유행처럼 흔하게 우리 사회를 흔들었던 적이 있었다. 가정을 위해서 남편을 위해서 자식을 위해서 한평생을 살아왔는데 어느 순간 자신이 초라해 보이고, '내가 왜 이렇게 희생만 하고 살았지'라는 질문을 하면서 억울한 감정이 올라오고 늦은 나이지만 그래도 보상받고 살아야겠다는 강한 신념으로 이혼장을 던지는 것이다. 자녀들의 성격에 따라 표현하는 방식도 다르고 부모와 관계하는 것도 다르다는 사실에 대해 모르는 사람은 없을 것이다. 그러나 이것을 적극적으로 수용하고 인정하기란 쉽지 않다. 그렇기에 무엇보다도 청소년들은 이러한 성장 단계에서 자신에 대해서 올바른 이해를 가지고 관계를 잘 해 나가야 한다. 지랄을 떨어야 할 때는 지랄을 떨어야 건강한 삶을 살 수 있다.

2. 행복 호르몬

OECD(세계경제협력개발기구) 국가 중 행복지수가 최하위인 나라에서 이 시대를 살아가는 우리의 관심사는 어떻게 하면 행복하게 살 수 있을까? 이다. 사람마다 가치관이 다르고 성격이 다르고 다양한 삶을 살아가면서 사람들과 어우러져 관계하는 속에서 행복한 경험을 한다는 것은 나를 무조건 수용하거나 어떤 상황에서도 포용해 줄 수 있는 경우가 아니면 드물 것이다. 어떤 경우에 사람들은 행복감을 느낄까? 요즘 색다른 풍경 하나가 있다면 식당에 가면 음식을 놓고 '인증 샷'을 찍어 대는 의식을 치루고 나서야 음식을 먹을 수 있다는 것이다. 만약 음식이 세트 메뉴여서 나오는 데에 시간차가 있다면 한순간의 사진 한 컷을 위해서 모두가 긴 시간을 기다려야 하는 해프닝도 벌어진다. 모든 음식이 나오고 인증 샷을 찍으며 "행복해~ 행복해~"를 연호하며 손뼉을 치기도 한다. 또한 멋진 이벤트나 멋진 풍경을 바라보며 찰나에 행복감을 느낄 수도 있다. 뿐만 아니라 작은 것에서 큰 것까지, 싼 것에서 비싼 것까지 절대적인 행복에 대한 범위는 매우 다양하며 폭이 넓다고 할 수 있다. 이번 겨울 제주도 가족 여행에서 비자림 숲을 거닐며 너무나 행복감에 젖어서 그 길을 돌아 나올 때까지 행복했던 순간을 보낸 경험이 생각난다. 그렇다면 행복은 철저히 주관적이다. 또한 생각과 마음이 편안한 상태에서 안정감 있는 상태일 것이다. 오롯이 그 순간만큼은 나에게 보상해 주고 채움을 갖는 시간일 것이다.

인간의 몸에서 행복 회로를 담당하는 것이 도파민이다. 도파민은 다양한 동물들의 중추신경에서 발견되는 호르몬이나 신경전달 물질이다. 도파민은 운동을 통해 분비되거나 각종 음식을 섭취하면서 생성된다. 그러나 심한 스트레스(외상 후 스트레스 장애 등)를 겪게 되면 도파민 분비를 조절하는 세포가 기능을 다하지 못하게 된다. 특히 도파민이 부족할 경우 과민한 행동이나 공격적인 행동이 나타나게 된다. 스트레스 상황은 나의 생각이나 감정에 반하여 일이 진행되지 아니할 때, 정상적인 상태나 안정된 상황으로 복귀하려고 시도할 때 나타나는 상황으로서 욕구에 대한 좌절이 일어나면 스트레스가 나타난다. 배고픈 사람에게는 먹는 것이 최고의 행복을 줄 것이지만 배부른 사람에게 먹을 것을 주는 것은 최고의 곤욕이자 무의미한 행위이다. 그러나 배고픈 상태가 지속된다면 스트레스가 높아질 것이다. 인간의 개인의 욕구뿐만 아니라 다른 사람의 다양한 욕구에 맞는 행위가 행복감을 증가시킨다.

3. 욕구 사다리

미국의 심리학자 매슬로우(Abraham H, Maslow, 1908~1970)는 인간의 욕구를 결핍 욕구와 성장 욕구로 나누고 7단계로 제시하였다. 결핍 욕구는 동기가 외부에 있으며 성장 욕구는 충족될수록 더 많은 욕구를 충족하려는 동기 부여가 나타난다. 인간의 욕구는 하위 욕구가 충족되었을 때 다음 단계로 진행할 수 있다는 특징이 있다. 어떤 목표를 이루기 위해서 배가 고파서 울고 있는 아이에게 다른 말이 들어올 리 없고 잠을 재운다는 것은 어불성설이다. 동기화의 욕구가 결핍일 때는, 즉 배고플 때는 먹는 것을 해결해 주는 것이 가장 중요하다.

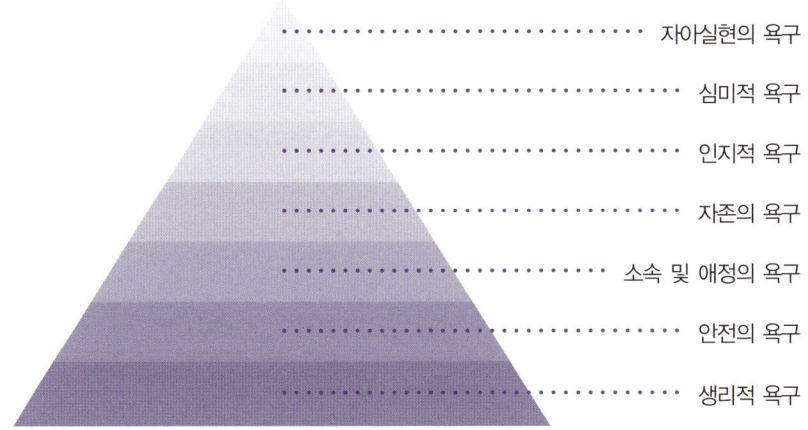

매슬로우의 욕구 7단계

생리적 욕구(Physiological Needs)는 가장 기본적인 욕구로서 생명을 유지하기 위한 의식주의 기본 욕구이다. 안전의 욕구(Safety Needs)는 생명,

생활, 외부로부터의 자기보호 욕구로서 신체적 위협이나 불확실성에서 벗어나고자 하는 욕구이다. 소속 및 애정의 욕구(Belonging & Love Needs)는 사람이 신체적으로 안전하게 되고 자신의 안전 문제에 대한 두려움을 갖지 않는 욕구로, 안전 욕구가 충족되면 사람들은 다른 사람들과 관계를 맺고 소속감과 애정을 나누고 싶어 한다. 자존의 욕구(Self-Esteem Needs)는 다른 사람들로부터 자신의 능력에 대해 존경받고, 명예를 누리고 싶어 하는 욕구이다. 만약 욕구가 충족되지 않으면 열등감과 무력감에 빠지게 된다. 인지적 욕구(Needs to know & Understanding)는 문화나 교육을 통한 지적 욕구로 어떤 특정한 대상이나 경험에 대한 재음미와 발견을 통한 이해와 배움을 추구하게 된다. 심미적 욕구(Aesthetic Needs)는 외적인 아름다움보다는 정서적이고 감상적이며 감성적인 미적 아름다움을 추구하는 욕구이다. 그렇기에 문화예술을 감상하고 체험하며 즐기고자 한다. 자아실현의 욕구(Self-Actualization)는 자신의 잠재적인 능력을 최대한 발휘하고 창조적으로 자기의 가능성을 실현하고자 하는 욕구이다.

청소년들이 올바르게 성장하고 결핍 욕구에 머무르지 않고 성장 욕구로 나아가기 위해서는 결핍 욕구의 충족이 절대적으로 필요하다. 결핍 욕구의 동기 요소는 의무에 있기 때문이다. 어느 한 단계에 고착되거나 퇴행이 일어난다면 건강하게 성장할 수 없을 것이다. 따라서 청소년들의 성장에서 나타나는 여러 가지 다양한 특징들을 이해하는 것이 개인에 대한 다름을 이해하는 지름길이 된다. 청소년 상담에서의 핵심은 욕구를 파악하는 데 있다. 이상행동이나 부적응으로 인한 불안이 나타나는 주요 요인 가운데 하나가 지금 현재 가장 원하고 있는 욕구에 대한 반영이기 때문이다.

두 번째

발달 특징과
다름을 이해하기

1. 질풍노도의 파도타기
2. 자기 개념의 발달
3. 자녀들은 부모의 거울이다

두 번째

발달 특징과 다름을 이해하기

1. 질풍노도의 파도타기 / 2. 자기 개념의 발달 / 3. 자녀들은 부모의 거울이다

1. 질풍노도의 파도타기

인간이 세상에 태어나서 세 살이 되면 이미 늙어 죽을 때까지 삶의 기본적인 태도가 형성된다고 한다. 이 시기에 가장 중요한 대상은 부모일 것이다. 영국의 정신과 의사이자 정신분석가 존 보울비(John Bowlby, 1907~1990)는 인간의 본성 가운데 초기 애착 형성이 기본이 되며, 아이가 애착 형성에 실패한 경우, 여러 가지 정신질환의 원인으로까지 이어질 수 있다고 하였다. 어머니의 적절한 돌봄 행동이 아이에게 안정애착이 되고 자신과 타인 그리고 세상을 이해하는 가장 기본적인 '내적 작동모델'을 만드는 데 중요한 역할을 한다.

프로이드는 발달 단계별 특징 가운데 아동기의 중요성을 말하면서 성적 욕구, 인정 욕구 또는 인간의 발달과 행동에 영향을 준다고 하였다. 에릭슨은 인간의 심리사회적 발달을 8단계로 나누어 설명하였다. 1단계는 출생 후 1년까지 시기로서 이때는 양육자와 영아의 관계에서 영아의 필요가 충족되지 못할 경우 양육자에 대해서 '불신감'을 느끼게 된다. 이것이 되풀이

될 경우 성인이 되어서 타인을 신뢰하지 못하고 어려움을 겪게 된다. 2단계는 만 1세에서 3세까지의 시기로서 양육자가 영아에게 안전을 보장해 주지 않는다든지 영아 스스로 사고하고 행동하도록 격려해 주기를 기대하는가 하면, 기대가 충족되지 않으면 회의감을 느끼게 된다. 이때 양육자가 아동을 방임하거나 무관심한 태도를 보이면 혼자서는 환경을 통제할 수 없다는 것을 깨닫게 되면서 수치심을 느끼게 된다. 아동이 스스로 탐색하도록 격려가 필요하며 이때 자율성이 심어진다. 3단계는 만 3~5세의 시기로서 이 시기의 아동은 많은 호기심과 도전하는 것을 좋아한다. 이때 중요한 것은 아동이 심리적으로 적절하지 않은 행동을 할 경우 그에 상응하는 처벌을 해야 한다는 것이다. 이때 양육자가 강압적으로 할 경우 소심한 아동으로 자랄 수 있기 때문에 유의할 필요가 있다. 4단계는 만 6~11세까지의 시기로서 또래 관계가 매우 중요하다고 할 수 있으며 또래들과 자신을 비교하여 성취감을 느낄 수 있다. 이 시기에는 아동이 적절한 과제를 수행하는 경험을 통해서 동기 부여와 근면성을 길러준다. 아동에게 공정하지 않은 기회를 주거나 너무 과한 요구를 하면 열등감에 사로잡힐 수 있으므로 주의해야 한다. 5단계는 청소년기에 접어드는 시기로서 청소년은 자기정체성을 찾아감으로써 자신의 존재가치에 대한 생각을 많이 하게 되는 시기이다. 일명 '질풍노도의 시기'라고도 불릴 만큼 반항하고 일탈을 서슴지 않게 된다.

미국 플로리다 주립대학 프라딥 바이든 교수는 5단계에 해당하는 질풍노도의 청소년 행동을 신경생물학적 근거가 있다는 점에 기초해 청소년들의 뇌가 작동하는 메커니즘을 분석했다. 청소년들은 위협적인 일이 닥쳤을 때 갈등을 통제하는 뇌 부위가 활발하게 활동하는 것을 발견했으며, 이는 위협에 반응하는 뇌 부위가 다른 시기의 사람들과 다르게 반응한다는 것이다. 또한 청소년기에는 잘못된 행동을 하고도 처벌에 크게 동요하지 않는 모습을 보였다. 위험한 상황에서 두려움을 느끼는 뇌 부위가 활성화되는 양상을 보인다는 것이다. 바이든 교수는 청소년기의 일탈이나 반항이 신경생물학적 근거를 제시하고 있긴 하지만, 스트레스나 호르몬 변화, 사회적인 환경 등에 의해서만 청소년들의 행동은 달라질 수 있다고 보았다.

6단계는 성인 초기를 포함하는 시기로서 타인과의 유대관계 성공 여부가 중요한 시기이다. 대인관계에서 친밀성을 형성하지 못하게 되는 경우 고립감을 느끼게 된다고 할 수 있다. 7단계는 성인 중기로서 자녀 양육과 생산적 활동이 필요한 시기이다. 성인 중기는 갱년기를 맞이하는 시기이기도 하다. 따라서 심리적인 변화가 많으며 빈 둥지 증후군으로 우울감을 느끼기도 한다. 8단계는 성인 후기로서 자신의 삶을 되돌아보게 되며, 이를 수용하는가 아니면 후회하는가에 따라 심한 두려움이나 절망감을 느낄 수 있기 때문에 자기 자신의 통합을 이루기 위해 노력해야 한다.

인간의 삶에 영향을 미치는 발달 단계별 특징 가운데 부모가 자녀에게 대하는 태도에 의해서 건강하게 성장하느냐, 절망과 불안감을 안고 자라느냐의 중요한 갈림길이 되기도 한다. 상담에 오는 아동이나 청소년들의 경우 부모로부터 제대로 된 양육을 받지 못한 경우가 대부분이다. 제일 안타까운 것은 대학생이 되거나 학교에서 몇 번씩 일이 생기고 난 후 상담에 온 경우이다. 불안한 아이들은 불안한 감정을 이기고자 사고를 치게 되고, 억압해서 참다가 더 큰일이 발생하게 된다. 부모와 상담에 와서 그제야 이야기를 털어 놓으면 부모는 깜짝 놀라거나 우리 아이는 그런 아이가 아니라고 십중

팔구 이야기하는 것을 본다. 부모에게 안정된 애착이 무엇보다 중요하며 충분한 애정을 받으며 자라나는 것이 필요하다. 대상관계에서의 건강한 관계가 되도록 자녀에게 관심과 애정을 갖고 대해야 된다. 따라서 청소년기 올바른 정체성을 형성하도록 도와야 한다.

2. 자기 개념의 발달

자신을 생각할 때 떠오르는 생각이나 이미지로 사람은 자신이 타인과 다르게 살아가며 독립적 존재로 삶을 살아간다는 것을 알게 된다. 사람은 다른 사람과 살아가면서 다른 사람을 통해서 자기 자신에 대해서 알게 되고 자신을 좀 더 자세하게 인식하게 된다. 때로는 자신에게 가치를 부여하기도 하고 자신의 역할을 찾기도 하며 자신의 행동을 설명하기도 한다. 이것을 자기 개념(Self-Concept)이라고 하는데 간단히 말하면 '나는 누구인가?'이다.

자기 개념은 몇 가지 측면에서 살펴볼 수 있는데 첫 번째는 생태적 자기(ecolorical self) 개념으로 간단히 말하면 주변의 여러 환경과는 별개로 자기 자신이 독립체로서 존재한다는 것이다. 따라서 생태적 자기 개념이 발달된 아동일수록 주변 환경과 상호작용을 하는 과정에서 자신의 위치를 알고 이해할 수 있으며, 환경에 적절한 반응을 보이게 된다. 두 번째는 다른 사람과의 관계를 하면서 다른 사람과 독립된 존재임을 알게 되는 것으로 이를 한마디로 대인관계적 자기(interpersonal self)라고 한다. 세 번째는 자기 자신의 존재가 현재의 머무르는 것이 아니라 과거에서 현재 그리고 미래에도 존재할 것이라는 사실을 알게 되는 확장된 자기(extended self) 개념이다. 네 번째는 오직 자기 자신만이 아는 자신의 모습을 알게 되는 사적 자기(previate self) 개념이다. 쉽게 설명하면 내가 굳이 이야기하지 않으면 타인이 나에 대해서 알 수 없는 자신만의 생각, 자신만의 경험들을 갖게 되는 것이다. 혼자만의 여행이나 혼자만의 깊은 사색을 통해 사적 자기 개념이 발달하게 된다. 다섯 번째는 개인이 일정 시간이 지나면서 자신의 역할을 갖게 되는 개념적 자기(conceptual self)이다. 개념적 자기가 발달하면 사회 문화적 맥락 속에서 차츰 국가와 국민을 생각하게 되며, 어떤 역할을 하면서 살아가는지 깨닫고 개념적 자기를 이해하게 된다.

서로 다른 다섯 가지 유형의 자기 개념은 각각 독립적으로 발달하다가 연령이 증가하면서 통합된 하나의 자기 개념을 형성한다. 이렇게 '나'를 알게 하는 자기 개념은 영아기, 아동기 초기, 아동 중기 및 청소년기에 걸쳐 성인기에 이르기까지 계속 발달한다. 영아기 자기 개념 발달의 특징은 여러 가지 측면에서 나타나는 자신의 모습을 하나의 '자기', 즉 통합된 '자기'로 만들어 가려고 하는 하나의 과정이라는 것이다.

아동 초기는 다양한 측면에서 영아기와는 다르게 자신을 이해하게 된다. 이 시기의 특징은 자기 자신을 개념화한다는 것이다. 예를 들면 노란 옷을 입은 나, 꽃 그림이 그려진 옷을 입은 나 등이다. 이 시기에 중요한 것은 부모와의 상호작용이 어린 아동의 자기 개념 형성에 영향을 미친다는 것이다. 더 나아가 부모의 양육 방식도 아동의 자기 개념 형성에 영향을 미칠 수 있다. 부모의 수용적인 양육 방식은 아동의 자기 개념 발달에 긍정적인 영향을 미치지만 자녀를 거부하고 통제하는 양육 방식은 부정적인 영향을 미친다. 아동의 자기 개념 발달은 삶에 다양한 영향을 미치는데 긍정적인 자기 개념을 가진 아동은 타인을 더 많이 도와주고 협조하는 행동을 보이는 반면, 부정적인 자기 개념을 가진 아동은 일탈 행동을 더 많이 한다. 아동 후기의 아동들과 청소년기 아동들은 좀 더 추상적인 사고가 가능해지며, 외모나 행동 등 눈에 보이는 특징뿐 아니라 자신이 믿는 신념 혹은 성격과 같은 추상적인 내적 특징을 통해 이해하고 개념화한다. 청소년기의 특징은 남의 시선을 의식한다는 것과 타인의 비교에 민감해진다는 것이다. 청소년기의 자기 개념은 '자기'라는 존재를 스스로 이해할 뿐만 아니라 자기가 속한 사회적 지지 집단을 스스로 선택하고 이러한 집단으로부터 자기 개념에 대해 피드백을 주고받는 과정이 포함된다. 따라서 모든 과정을 통해서 통합된 자기 개념을 형성하는 것이 청소년기 대표적 과업이라고 할 수 있다.

3. 자녀들은 부모의 거울이다

인간의 다름을 이해하기 위해서는 자녀들의 연령대별 특징이나 출산 순위별 특징 그리고 성장 과정에서 나타나는 여러 가지 다양한 모습들을 이해할 수 있어야 한다. 각자 기질이나 성격별로 다양성을 인정하는 것이 다름을 이해할 수 있기 때문이다.

대상관계 이론에 의하면 아이가 세상에 태어날 때 아이는 해체되는 느낌, 나락으로 떨어지는 느낌을 느낀다. 엄마의 자궁에서처럼 유사한 방법, 연속성으로 안전한 상태를 생후 3~4주 동안 유지해야 한다. 이 시기는 모성 몰두 기간으로 완전한 엄마가 되어야 한다. 영아가 사랑받고, 이해받고, 만족하기 위해서는 엄마가 '충분히 좋은 경험'을 제공해 주어야 한다. 엄마가 '근본 모성 최우선 위치' 심리적 상태에 있을 때 이 같은 경험, 즉 아이의 욕구를 헌신적으로 이해하고 만족시킬 수 있다. 매일 다독거려 주고, 안아 주고, 노래를 들려주고, 눈빛으로 의사소통을 함으로써 엄마와 영아는 서로 자극하고 신뢰성과 정체성을 형성하게 된다. 과잉 보호와 욕구 충족의 차이를 이해해야 하는데, 과잉 보호는 아이의 것을 뺏는 것이며, 욕구 충족은 창조성을 만드는 것이다. 이 관계가 어떤 단계에 도달하게 되면 영아는 엄마에게 좀 더 격리된 경험을 받아들일 수 있게 된다. 엄마와 종속되어서 머무르는 단계에서 다른 사물이나 사람과의 관계로 넓혀 가는 점진적 과도기적 단계가 된다.

아이의 초기 발달 단계는 생후 첫 달에 해당되며, 이때는 성격 구조를 정립해 가는 데 영향을 미치게 된다. 그 후 점진적으로 분화된 자기 표상과 대상 표상이 형성되기 시작한다. 자기와 어떤 대상을 구별 지을 수 없는 시기로서 엄마와 친밀한 관계를 형성하는 것이 매우 중요하다.

2단계는 2~8개월까지로 자기 대상 표상의 '좋은' 단위들을 설정하는 기초와 강화의 시기로서 유아가 엄마와의 유쾌하고 만족스런 경험은 대상 이미지와 융합된 자기 이미지를 만들어 내게 되고 대상과 자기 이미지들은 쾌락의 감정과 연결된다. 그러나 좌절시키는 경험은 고통스럽고, 좌절시키는 화난 감정을 갖는 '나쁜' 자기 대상 표상을 형성하게 된다. 이때 '좋은' 표상과 '나쁜' 표상은 분열이라는 기제로 나타나게 된다. 3단계는 8개월 시작해서 36개월에 이르기까지 양육자와의 욕구에 의해 활동하는 시기이다. 대상 표상으로부터 자기가 분화되고 미자기로부터 자기의 경계를 분명하게 설정하게 되는 분화의 시기이다.

1) 애착 형성

부모와 자녀 사이의 사랑의 유대는 아동기 전체의 발달 과정에서 주된 변인들 중 하나이다. 영아기에 이 유대를 발달시키지 못하거나, 사별, 이혼으로 유대가 끊어지거나, 지나친 분노나 불안으로 유대가 오염되거나, 무관심으로 유대가 쇠약해질 수 있다. 사람은 어떤 종보다 무력한 영아기가 길어, 여러 해 돌봐야 되고 애착은 이 양육 상황에서 생겨난다. 애착은 엄마의 것이나, 심리학자들은 아빠의 애착 또한 중요함을 최근에 깨닫기 시작했다.

신생아는 다른 사람에서 나오는 자극에 반응하도록 프로그램 되어 있다.

2주 정도면 다른 소리보다 사람 소리, 4주 정도면 엄마 목소리를 특히 더 좋아한다.

아동기 초기 몇 개월 동안은 환상을 경험해야 한다. 욕구가 생길 때 채워지면 환상을 만들게 되며, 마술처럼 만들어 내면서 즐기기도 하고 환상은 창조성을 발달시킨다. 욕구가 채워지지 않으면 창조성이 없고 환멸을 느끼며, 세상이 덧없음을 느낀다. 아동은 세상을 아름답게 느끼지 못하고 조숙해진다. 생후 2개월에는 눈을 맞추고, 3~4개월 사이에 애착의 전조들이 인지적·정서적 절정에 도달한다. 사람의 얼굴을 이루는 자극 형태들이 응집력, 세밀함을 가진 것으로 지각하며, 다른 자극과 구별되고, 특히 기쁨을 주는 원천이 된다는 것이다. 6~9개월 사이에 비변별적인 반응성은 엄마나 특정 양육자에 강력한 선호를 드러내며 사라진다. 어떤 양육자들은 커다란 기쁨을 주며 영아가 스트레스를 받을 때 쉽게 편안하게 만들어 준다. 이에 덧붙여, 두 가지 부정적 영향이 나타난다. 엄마가 떠날 때 분리불안이 나타나게 되며, 이 스트레스는 공포 같은 것이 아니라 저항과 절망의 고통스런 혼합물인 고통이라는 표현이 나올 것이다. 이 고통은 공포보다는 우울과 관련이 있다. 낯가림과 사회적 미소의 시작을 표시하던 비변별적인 기쁨은 낯선 이들에 대한 좀 더 조심스럽고 주의 깊은 반응으로 바뀐다. 분리불안은 정상 발달과 이상 발달의 함축적인 의미를 가진다. 애착은 사랑과 고통, 공포와 분노의 복합체일 수밖에 없다.

2) 안정 애착

부모가 아이를 행복하게 하는 말이 있는데, 격려하고 감동하는 형용사를 많이 사용하면 아이들이 달라지는데 예를 들면, "어쩌면 그런 좋은 생각을 했니?, 좋은 생각이구나, 대단하구나! 참 잘했구나, 매우 열심히 했구나, 최선을 다했구나, 잘 해낼 줄 알았단다, 엄마는 네가 자랑스러워, 잘할 수 있을 거야, 힘내라! 사랑해! 지난번보다 많이 좋아졌구나!"라고 끊임없이 이야기해 주는 것이 중요하다. 영아기 애착 형성은 영아가 부모의 정서적 지원을 통해서 애착이 안정되면 부모를 안전기지로 여기게 되며 탐색을 하게 된다. 그러나 영아는 언제나 부모의 정서적 지원을 기대한다는 사실이 중요하다. 여기서 가장 중요한 것은 부모의 태도는 정서적 지원과 탐색에 대한 균형을 이루도록 노력하는 것이다. 부모의 양육 태도는 아동의 인지적, 정서적 발달에 영향을 미치게 되는데 양육 태도는 부모가 자녀를 양육하는 태도와 행동을 의지하기 때문이다. 특히 부모의 양육 태도에 의해 형성된 부모에 대한 애착은 이후 대인관계 형성 방식에 중요하게 영향을 미침으로써 질적인 부분에서까지 관여하게 되는 중요한 부분이라고 할 수 있다. 권위적인 부모 유형은 애정을 지니고 관심을 갖고, 자녀 양육에 있어서 규칙이 있고, 자녀들이 가족의 의사 결정 과정에 참여할 수 있도록 한다. 이러한 부모 밑에서 자란 자녀는 활기 있고, 사회적으로 책임감이 있으며, 자신감이 높고 성인과 또래 모두와 협동적이다. 그러나 권위주의 부모 유형은 매우 엄격하며, 여러 가지 규칙을 자녀에게 적용하며, 순종하기만을 강요하게 된다. 이러한 부모 밑에서 자란 자녀는 침울하고 두려움이 많은 경향이 있으며, 즐겁지 않은 삶을 살아가게 된다.

최근에는 아버지의 영향이 아동에게 특별한 기여를 한다고 밝혀지고 있다. 예를 들면 다정한 아버지는 그렇지 않은 아버지에 비해 아들의 능력, 성취, 성역할 정체감에 더욱 좋은 영향을 미친다. 실제로 아버지의 다정함은 어머니의 다정함보다 자녀의 학업 능력과 더욱 상관이 있는 것으로 나타났다. 또한 아버지가 자녀들에게 긍정적인 정서를 가지고 이를 잘 표현하는 경우, 형제간에도 우애가 높다. 아버지가 자녀 양육에 평균보다 깊이 관여할 경우 효과가 큰 것으로 나타났는데, 양육 활동이 더 깊이 관여한 아버지를 둔 아동들은 그렇지 않은 아동들에 비해서 지능 검사에서 더 높은 점수를 보였고, 성 역할 고정 관념이 적은 것으로 나타났다. 따라서 아버지가 자녀 양육에 적극적으로 참여하는 것은 자녀의 발달을 촉진하는 데 더욱 풍부한 자원을 제공할 것으로 볼 수 있다.

영아들이 잠자는 것을 거부하는 경우가 종종 있는데, 이는 대개 잠드는 것에 대한 공포나 자다 깨었을 때 엄마 아빠가 즉시 오지 않았을 경우 느낀 공포감 때문이다. 영아가 안심하고 잠을 자고, 자다 깨면 엄마, 아빠가 옆에 있을 것이라는 믿음을 주는 것이 중요하다.

유아기 또래 간의 상호작용은 주로 놀이의 형태로 이루어진다. 2~3세경의 유아는 다른 아이들에게 다가가려 하지 않고 혼자서 놀거나, 자신이 참여하지는 않고 다른 아이들이 노는 것을 구경하는 방관자적인 행동을 보인다. 5~6세경의 유아는 집단의 공통된 목표를 가지거나 역할을 분담하는 것은 아니지만, 공통된 활동들을 하며 같이 노는 연합 놀이를 하거나, 공통된 목표를 가지고 각자의 역할이 있는 합동 놀이를 하게 된다.

보울비(Bowlby)는 인간은 본능적으로 생존 유지 및 보호를 위해서 이에 대한 반응으로 소리 지르고 미소 짓는 등 애착행동을 보인다고 하였다. 생후 2개월에서 기어 다니는 7개월 정도가 되었을 때 양육자를 구별하기 시작하면서부터 애착을 형성하기 시작한다. 24개월이 되면 신체 발달로 인해 양육자에게 접근하는 등 친숙한 분리불안을 보이며, 불안정 애착 유형의 경우 영아는 낯선 상황에서 스트레스를 받게 되며 두려움과 불안정한 행동을 하게 된다. 엄마가 밖에 나갔다가 다시 돌아와도 불안해하고 안겨 있으면서도 쳐다보지 못한다든지 무표정한 표정을 짓는 등 혼란스러운 행동을 보이는 것을 자주 볼 수 있다. 그러나 공격성과 반사회적 행동을 통제할 수 있는 방법이 있다. 예를 들면 공격성을 유발하는 자극(좌절이나 텔레비전 폭력물)을 제거하기, 공격적 행동에 대한 보상을 제거하기, 공격적 행동과 양립할 수 없는 행동(친사회적 행동)을 유발하고 보상하기, 타임아웃 기법을 사용하기, 감정 이입의 발달을 촉진시키기 등이 포함된다. 또한 아동들에게 성숙한 행동과 친사회적 행동을 해야만 타인으로부터 주목을 받고, 사랑을 받고, 인정을 받을 수 있다는 것을 가르치는 것은 중요하다. 여기서 말하는 타임아웃 기법(time out technique)은 공격적 행동을 한 아동을 다른 방향으로 데려가서 잠시 동안 아동을 격리시켜 혼자 있게 하는 것이다. 이것은 아동의 공격적 행동을 차단함으로써 벌을 주는 방법이다. 이 기법은 아동은 다소 분개하게 할지는 모르지만, 아동에게 신체적 벌을 가하지 않고 아동에게 공격 모델도 보여 주지 않으며, 성인의 주의를 끌기 위한 그릇된 행동을 부지불식간에 강화해 주지도 않는다. 이는 아동이 자신의 잘못을 되돌아볼 수 있는 기회를 갖게 해 준다.

3) 양육

양육에 관한 관념은 엄마가 무력하고 수동적인 영아를 돌보는 것이다. 엄마들이 오래전부터 알고 있었던 사실, 어떻게 돌보아지는가에 관계없이 그 기질상 돌보기 쉽고 어떤 영아는 어렵다는 사실들을 검증해 왔다. 이제는 영아와 엄마 사이의 상호작용으로 보며 이 상호작용에서 양쪽은 서로 적응해야 한다. 엄마도 자기 능력에 대한 느낌에서 성장하며 만족의 근원으로 서로 발달을 증진시킬 수 있다. 양육은 안락의 제공과 자극화의 조합이다. 안락함을 주고 스트레스를 덜어주는 것이 필요하다. 엄마가 시각적, 청각적으로 매력적이고 즐거운 자극이라는 사실을 딸랑이나, 고리, 모빌과 같은 재미있는 볼거리나 소리에 다양하게 접촉하고 영아의 요구에 민감하고 신속하며 적절하게 반응할 수 있는가가 중요하다. 안락함과 자극을 통해 엄마는 영아에게 정상적 발달에 필요한 정서적 안정감과 환경 정보를 제공해 주는 것이다.

엄마의 양육 태도는 애착의 종류를 결정하게 된다. 엄마가 신속하고 적절하게 반응해 줄 수 있으면 영아는 안정애착을 발달시키게 되며, 안정 애착이 되면 엄마에게 긍정적으로 반응하고 엄마가 일관성 있으므로 필요할 때 엄마가 있을 것이라 믿게 된다. 따라서 영아는 애정적이고 신뢰 높은 관계를 발달시킨다. 반면에 불안정 애착에는 세 가지 형태로 나타는데 저항적, 회피적, 비조직적이고 혼란된 형태로 나타난다. 엄마가 간섭을 많이 하면 저항적이거나 엄마에게 양면 감정을 가져 주의와 애정을 요구하면서도 토라지는 특징을 보인다. 애착을 형성하는 데 영아는 일종의 심리적 휴전 상태로 엄마를 무시하고 회피적이게 된다. 그리고 일관성이 없는 엄마는 애착을 만들어 내는 데 모순적이고, 엄마에게 다가갈 때 무감각, 우울한 감정으로 가며, 안겨 있을 때는 다른 데를 바라본다든지, 혼란된 표현을 보이는 행동을 하게 되면 비조직적이고 혼란된 애착을 형성한 영아들은 문제의 소지가 될 수 있다.

학령전기 아동은 언어사용이나 엄마의 입장을 이해하는 능력이 증가하여 의사소통과 협상으로 엄마와 만족스러운 협상 계획을 만들어 낼 수 있도록 발달한다. 특히 가까이 있으려는 요구와 헤어질 때 고통스러워하며, 다시 만날 때 즐거워하고 상실하면 슬퍼하고, 안정감을 추구하는 행동은 나중에 생기는 모든 감정적 연대에 중요한 역할을 하며, 형제자매나 혈육과의 연대감에 나타난다. 이는 성인의 성적 대상과의 만남에 중심 특질이 된다.

청소년기에는 애착의 주제가 다시 전면에 나오게 되며, 청소년기는 성적, 성숙의 생물학적 변혁과 가족에서 벗어나 또래 집단에게로 향하는 변화가 포함된 개인 간의 변혁, 또 성인 역할을 충족시키고자 하는 정체감 변혁 등이 있다. 청소년기의 모습은 '폭풍과 스트레스'의 시기로서 독립하려는 문화적 기대 때문에 부모와 자녀가 변화하는 시기이다. 애착은 이 변화 때문에 방해받으며, 부모의 애정 표현은 당황스러운 것으로 느끼며, 안락과 도움을 제공해 주면 "나는 이제 애가 아니란 말이야"와 같이 상투적 부르짖음을 외칠 수 있다. 그러나 청소년이 성장하고 독립성을 이루는 데에 있어서 부모가 늙어가고 더 이상 필요하지 않는 존재라는 문제가 있다.

4) 유아기 자기 조절력

유아기의 자기 조절력은 단기적 발달뿐만 아니라 장기적인 발달의 기초가 되며 성인의 성공을 예측하는 능력으로 불리고 있다. 자기 조절력이 발달한 유아의 경우 이후 신중하고, 주의 집중력이 있고, 분별력이 있으며, 협동적이고 유능하다고 하는 평가를 받는 긍정적 성격의 특징을 가지는 것으로 나타났다. 반면 이러한 자기 조절 능력의 결핍은 주의 집중 저하, 과잉 행동, 학습 동기 부족, 반항 행동, 공격 행동, 대인 관계 갈등, 분노, 적대 감정과 '반항성 장애' 증상들을 포함한 통제 부족과 관련된다. 그러므로 유아기에 형성되는 자기 조절 능력은 이후 사회적, 경제적, 정서적, 행동적 문제들에 있어서 더 큰 위험 요인으로 작용하게 될 수 있다. 실제로 자기 조절력에 대한 종단 연구에서는 자기 조절을 잘하는 유아가 이후 10년 후에 경쟁력이 있었다고 밝히고 있다. 즉 4세경에 성공적으로 즉각적인 만족을 이겨 내고 선호하는 보상을 위해 기다리는 만족 지연을 조절할 수 있는 유아는 이후 학업 성취, 사회적 유능성, 언어적인 유창성이 있고, 합리적이고 주의력이 있고 좌절과 스트레스에 대처할 수 있다.

5) 출생 순위별 특징

자녀의 특징 가운데 출생 순위에 따른 특성을 살펴보면, 첫째 아이는 책임감이 강하고, 권위적인 사람들과도 잘 어울리게 된다. 높은 성취자가 되는 경향이 있으며, 옳고 안전하고, 우월감을 느껴야 한다고 생각하게 된다. 이때 부모의 역할이 중요한데 성공에 대한 지나친 압력을 가하면 안 되며, 실수하면서도 배울 수 있다고 가르치는 것이 중요하다. 둘째 아이는 자신의 위치를 발견하기 위해 반항적 행동을 보일 수 있으며, 여러 가지 측면에서 언니 또는 형의 맞수가 되려고 노력하게 된다. 이때 부모의 역할이 중요한데 아동의 독특성을 격려하고 형들과 비교하는 것을 피해야 된다. 막내의 특징은 부모들과 더 나이든 형제들에 의해 응석받이가 되는 수가 많다는 것이다. 그리고 매우 창조적이며 영특함을 보이는 수가 많다. 이때 부모의 역할은 혼자서도 해낼 수 있다는 것을 깨닫게 하기 위해 대신해 주지 말아야 한다. 그리고 형제간 싸움에서 막내의 편을 들어선 안 된다. 외동아이의 특징은 관심의 대상이 되어 온 것에 익숙하고, 여러 측면에서 자신감이 떨어질 수 있다는 것이다. 책임감이 강하며, 자기의 뜻대로 되지 않을 때 자주 협동하는 것을 거절하게 된다. 부모의 역할은 다른 아이와 함께 학습할 기회를 제공하여야 하며, 친구 집에 놀러가는 것을 격려하고 하룻밤을 같이 보낼 친구를 가지게 하는 것이 중요하다.

6) 아이의 이상 행동과 부모의 관심

아이가 욕설을 하는 경우 욕설을 대신할 수 있는 방법을 지도해 주어야 한다. 화가 날 때 욕설 대신 자신의 감정을 표현할 수 있는 다른 방법을 지도해야 한다. I'Message('나는 ~서 화가 난다'는 식의 표현)를 가르치거나 자신의 화난 감정을 그림으로 그리게 하거나 글로 표현하게 도와주어야 한다. 감정과 관련된 다양한 어휘를 알려 줘야 하지만 아이는 상황에 맞게 적절한 단어가 떠오르지 않아 욕을 선택할 때도 있다. 슬픈 감정, 화난 감정에 대한 표현들을 알려 주어야 한다. 자녀에게 사랑의 메시지, 축복의 메시지를 보내는 것도 중요하며, 바르고 좋은 우리말을 사용한 사랑과 축복의 메시지를 아이에게 전해 보는 것도 아이에게 긍정적인 영향을 전하게 된다. 아이가 인터넷에 중독이 된 경우 인터넷 게임 중독이 심각한 질병이라는 사실을 인정해야 하며, 중독된 자녀는 부모만이 끝까지 치료할 수 있다는 믿음이 필요하다. 컴퓨터, 게임 기기가 없는 환경을 만들어야 하며, 사회적 자원을 활용하여 아이를 돌보아야 한다. 더 중요한 것은 게임을 매일 규칙적으로 하는 일은 게임 시간을 기다리게 해서 중독으로 이끄는 지름길이라는 것이다. 아이들이 게임에 빠지는 원인은 자신이 홀로 내버려졌다고 믿거나 자신이 인정을 받지 못한다고 느끼기 때문이다. 이들은 부모로부터 받지 못한 인정을 충족하고자 대리 만족을 위해 게임을 통해 보상받으려고 한다. 따라서 다른 활동을 통한 취미생활을 할 수 있도록 도와야 한다. 게임을 대신할 수 있는 것으로는 자전거 타기, 산책, 배드민턴, 인라인 스케이트 등 다양한 활동이 있을 수 있다. 만약 부모가 함께 한다면 더 도움이 될 수 있다.

세 번째

청소년 발달 특징과 다름을 이해하기

1. 엄마 겨드랑이에 털 났어요
2. 편견이 불안을 만든다
3. 뇌 성장에 주목하기

세 번째

청소년 발달 특징과 다름을 이해하기

1. 엄마 겨드랑이에 털 났어요 / 2. 편견이 불안을 만든다 / 3. 뇌 성장에 주목하기

1. 엄마 겨드랑이에 털 났어요

 자녀들이 사춘기가 되었을 때 몸의 변화가 일어나기 시작한다. 이때 자녀들은 심리적으로 놀라움과 몸의 변화에 대해서 불안해지기도 한다. 따라서 부모가 자녀에게 심리적으로 안정감을 주는 것이 중요하며 잘 적응할 수 있도록 돕는 것이 중요하다. 필자 역시 아들에게 초등학교 6학년 때부터 몸의 변화에 관심을 보이면서 겨드랑이나 생식기에 털이 난다고 이야기하면 어른이 되어 간다는 것이라고 하면서 축하금을 준다고 했더니 자신의 신체의 변화에 관심을 가지면서 몸에 털이 났을 때 기쁘게 반응하며 이야기해 주어서 축하금을 준 적이 있다. 이렇게 조금씩 관심을 갖게 하고 자신의 신체 변화에 대해서 당황하거나 놀라지 않고 반갑게 받아들이도록 하는 것이 중요하다. 그리고 여자아이들의 경우 초경이 되면 이야기하게 해서 자신의 신체의 변화에 대해서 받아들이고 몸을 소중하게 다루는 법을 알려 주는 것도 필요하다. 여자아이들의 경우는 초경이 시작되면 불안하기도 하고 자칫 부끄럽다고 생각을 할 수 있기 때문에 어른이 되는 중요한 시작점이라는 걸

알려 주고 생리대를 선물해 주어서 부끄러운 것이 아니라는 것을 알려 주어야 한다. 또한 자신의 몸에 변화가 생기는 일에 대해서 관심을 가지고, 창피하다고 여기는 것이 아니라 자연스럽게 받아들이고 잘 해결해 나가도록 지혜를 주는 것이 필요하다.

사춘기 성 교육 시기도 빨라지고 있는 상황에서 정확한 전달이 필요하다. 우리나라 여자 아이의 평균 초경 나이가 40년 전에는 14.1세였으나, 최근에는 12.1세로 앞당겨졌다고 하니 이른 나이에 아이들이 사춘기를 경험하고 있다는 것을 의미한다. 몸의 변화에 대해 자연스럽게 이야기하는 분위기가 조성되어 있지 않다면 아이는 부모와 신체 변화에 관한 대화를 나누는 것을 부담스러워할 수도 있다. 일찍부터 가정에서 자연스럽게 사춘기의 신체 변화, 성과 관련된 다양한 이야기들을 할 수 있는 분위기를 조성하는 것이 중요하다.

그리고 자위행위는 자연스러운 현상이다. 사춘기 아이들이 자위행위를 한다고 하는데, 일반적으로 대부분 남자들이 한다고 생각하지만, 여자들도 자위행위를 경험한 경우가 많다고 하니 먼저 자위행위는 성적인 욕구와 호기심이 생기면서 누구나 경험할 수 있는 자연스러운 현상이라는 긍정적인 인식으로의 전환이 필요하다. 자녀의 자위행위가 노출될 때 죄책감을 가지지 않도록 도와야 되며 자녀가 자위행위를 한다면 아마도 부모님에게 들키지 않도록 몰래 할 것이다. 하지만 혹시라도 자녀가 자위행위를 하는 것을 목격한다면 '우리 아이가 정상적으로 건강하게 성장하고 있구나'라고 생각하면 된다. 이 순간 아이는 부끄러워 부모에게 화를 낼 수도 있으므로 부모가 자신을 이해하고 있다는 것에 안도감을 느끼게 해 줌과 동시에 부모와 자녀가 열린 관계로 나아갈 수 있는 기회를 주어야 한다.

더불어 자위행위의 위생 정보를 제공하고 승화할 수 있도록 도와야 한다. 그러나 습관화된 자위행위일 경우, 자위행위를 할 때 얼굴이 상기되고 땀을 흘리며 몸을 부르르 떨기도 하며 자위행위에 열중하다가 누가 들어와도 멈추지를 못한다. 생식기 속에 이물질을 넣는 등 잘못된 방법으로 자위행위를 하고 있는 아이들도 있다. 아이가 초등학교 고학년이 되면 관련된 책을 통해 필요한 올바른 정보를 제공해 주는 것도 좋다. 그러나 성적 본능을 자위행위로 해소하도록 하기보다는 운동이나 다른 방법으로 승화할 수 있도록 도와주어야 하고 성적 본능을 자극하는 행위를 자제해서 결혼 이전까지 순결을 지키는 것이 중요하다는 가치에 대해서 이야기해 주는 것도 필요하다.

사춘기와 청소년기는 흔히 동의어로 간주되어 혼용하지만 개념적으로 분명한 차이가 있다. 사춘기는 청소년기를 알리는 지표로 생물학적인 생식 능력을 갖게 함으로써 성인으로서 발달이 시작되는 것을 의미한다. 사춘기는 청소년기의 일부분이며 사춘기가 끝나더라도 청소년기는 계속된다. 청소년기는 사춘기로 접어드는 11~12세경부터 성인의 법적 연령인 20세까지로 사회적 성인으로서 책임 및 지위, 역할을 지니지 못한 시기라고 할 수 있다. 사춘기는 성장이 가속화되는 성장급동기로 생식기관, 신장, 체중, 근육, 골격, 사고, 얼굴 등 전반에 걸쳐 변화가 일어난다. 이 시기의 두드러진 특징은 신장과 체중의 증가, 초경의 시작 및 음경의 발달과 같은 성적 성숙이라고 할 수 있다. 이러한 2차 성징의 변화는 여성 호르몬인 에스트로겐과 남성 호르몬인 안드로겐이 증가하면서 시작된다. 남성 호르몬의 일종인 테스토스테론의 증가는 체모의 발달, 변성, 신장의 증가, 외부 생식기의 변화

등에 영향을 주며 신체 발달을 촉진한다. 남자의 성적 성숙은 음경과 고환의 크기 증대, 음모, 겨드랑이 털, 턱수염 등 체모의 발달, 변성, 첫 사정 등 신체 전반에 걸쳐 나타난다. 최근에는 사회가 현대화되면서 성장은 더욱 가속화되어 조기 성적 성숙, 평균 신장의 증대, 체형의 변화가 나타났다. 한편 에스트로겐의 일종인 에스트라디올은 여자의 가슴과 자궁을 발달시키고 골격의 변화, 특히 골반의 발달에 영향을 주어 출산이 가능한 신체적 성숙을 이루게 한다.

2. 편견이 불안을 만든다

　신체적 성장과 성적 성숙으로 인해 청소년들은 신체적 매력과 신체상에 관심을 갖게 되고, 그들의 신체적 매력의 기준, 자신의 신체에 대한 만족과 신체상에 변화가 일어난다. 또한 신체적 성장과 성적 성숙의 시기가 평균보다 빠른 조숙과 또래보다 늦게 성숙하는 만숙도 청소년들에게 심리적으로 영향을 미치고 있다. 일반적으로 청소년들의 이상적인 신체상, 신체에 대한 만족도, 성장이 빠른 조숙과 성장이 늦은 만숙에 대한 만족 또는 불안은 사회문화적 기준이나 편견의 영향을 받는다.

　사회에 만연한 외모지상주의는 청소년 자신의 외모에 대한 불만을 더욱 증가시키고 성형에 대한 욕구를 조장한다. 결국 청소년들은 원만하지 못한 대인관계나 취업 실패의 원인을 자신의 외모 또는 신체적 매력이 사회적 기준에 미치지 못했기 때문이라고 생각하기도 한다. 조숙과 만숙에 대한 사회적 반응은 남녀에 따라 다르기 때문에 조숙과 만숙이 청소년에게 미치는 영향도 남녀에 따라 다르다. 일반적으로 남자의 조숙은 주위 사람들에게 더 매력적이고 자신감 있게 보이고 인기가 높을 것이라는 긍정적인 평가를 받게 한다. 예를 들면 조숙한 남자 청소년들은 긍정적 신체상을 갖고, 지적으로 유능하고 사회적 적응 능력이 뛰어나다는 우월감을 갖는 경향이 있다. 반면에 여자의 조숙에 대한 사회적 인식은 부정적인 경향이 있어서 조숙한 여자 청소년들은 부정적인 신체상을 형성하고, 정서적으로 불안하고 위축되고 복종적이며 내성적인 특성을 보일 가능성이 있다. 만숙에 있어서도 남녀의 차이가 나타나는데, 만숙한 남자 청소년들은 조숙한 남자 청소년들과 다르게 부정적 신체상을 형성하고 자신감이 결여되어 있으며 낮은 성취감을 보이는 경향이 있다. 반면에 만숙한 여자 청소년들은 정서적으로 안정되어 있고 활동적이며, 사회적 적응력이 높아 인기도 높고 주도적인 성향을 보이는 경향이 있다.

  청소년기의 정서는 불안정하기 쉬우며, 2차 성징들로 인한 변화에 신경이 예민해지기 쉽다. 따라서 쉽게 충동적이거나 우울감에 빠질 수 있으므로 안정적 환경에서 지지해 주고 특별히 기다려 주는 태도가 필요하다. 사춘기 시절에 반항하고 충동적인 행동을 하려고 할 때 친구들의 지지나 부모님으로부터 격려 한마디가 정서적 갈등을 겪지 않고 무사히 넘기게 하는 큰 역할을 하는 경우를 볼 수 있다.

3. 뇌 성장에 주목하기

　사춘기의 행동 특성을 설명하는 가장 중요한 요인은 호르몬의 변화와 급격한 뇌의 성장이다. 성 호르몬의 분비는 청소년의 지나친 자기주장이나 과격한 감정 표현에 영향을 미치고, 급격한 뇌의 성장은 합리적이고 논리적인 사고로 발전하기 전까지 지나친 자기중심적 사고와 이상주의 그리고 흑백 논리에 지배되도록 하는 요인이 된다. 사춘기의 급격한 뇌 성장은 논리적 추론 능력으로 연결되지 못하고 경험 부족과 복잡한 뇌 신경세포의 비효율적인 과잉 연결 그리고 유아기의 사고 잔재 등으로 인해 사고와 행동 면에서 아직 미숙한 특성들이 나타난다.

　사춘기의 남녀는 모두 공격성과 충동성이 증가하는 것으로 알려져 있다. 사춘기 청소년들은 대상을 가리지 않고 거친 행동이나 욕설을 퍼붓기도 하고 언제든지 싸울 태세를 갖추고 있다. 이러한 행동적 특성의 원인은 호르몬의 과다 분비, 전두엽의 급속한 발달, 뇌 활성화의 차이, 도파민의 과다 분비 때문으로 알려져 있다. 이성적 판단을 주관하는 전두엽의 성장은 절정을 이루지만 신경세포의 과잉 생성 및 과잉 연결에 따른 비효율적인 정보전달 체계나 사춘기의 충동적이고 무분별한 행동을 촉발하는 것으로 알려져 있다. 그러나 이후에 정보전달신경 체계의 사용 유무에 따라 신경원의 연결이 강화되거나 약해지면서 효율적인 연결을 이루게 되고, 이로 인해 효과적인 정보전달 체계를 이루게 된다. 또 다른 이유는 사춘기 청소년들의 뇌 정보 전달의 경로 때문이다. 감정 자극이 전두엽에 전달되기까지는 2가지 경로가 있다. 시각 정보가 곧바로 전두엽으로 전달되는 직접적인 경로와 시각 정보가 뒤로 멀리 돌아서 전두엽에 도달하는 간접적인 경로다. 성인들은 직접적인 시각 경로를 사용하여 이성적으로 판단하기 쉽지만, 사춘기의 청소년들은 간접적인 경로를 통해 전두엽으로 시각 정보를 전달하기 때문에 이렇게 전달되는 사이에 충동적인 행동이 일어날 가능성이 높은 것으로 알려져 있다.

네 번째

청소년기 발달 과제와 다름을 이해하기

1. 나는 누굴까
2. 나의 가치는 뭘까
3. 행복한 삶을 위한 청소년 과제

네 번째

청소년기 발달 과제와
다름을 이해하기

1. 나는 누굴까 / 2. 나의 가치는 뭘까 / 3. 행복한 삶을 위한 청소년 과제

1. 나는 누굴까

 정체성은 한 개인이 가지는 특성과 성격뿐 아니라 사회적 관계, 역할, 그리고 속해 있는 사회 집단 등을 통해 그 사람이 누구인지를 말해 준다. 즉 '나는 누구인가'에 대한 답이 바로 정체성(identity)이다. 정체성은 시간의 흐름에 따라 사회 속에서 다양한 모습으로 존재하는 나를 모두 포괄하는 '통합된 나'라고 할 수 있다. 정체성 발달은 통합된 나를 이루는 과정으로 전 생애에 걸쳐 역동적으로 나타나지만 주로 청소년기에 이루어진다.

 마르샤는 정체성 발달 이론을 기반으로 '위기'와 '관여'에 따라 정체성 지위를 네 가지 단계로 분류하였는데, 위기(crisis)란 직업 선택이나 이념과 같이 개인적 정체성을 확립하기 위해 고뇌하고 끊임없이 질문하고 탐색하는 시기를 뜻하고, 관여(commitment)는 자신이 확실히 하고자 하는 것에 대한 개인적인 노력을 뜻한다. 정체감 혼미(identity diffusion) 상태의 사람은 아직 특별한 정체감을 가지지 않았으며, 위기와 관여를 경험하지 않은 상태이다. 이 상태의 사람은 정체감을 찾기 위해 아무런 노력을 하지 않는다. 자

신의 진로에 대해 잘 모르겠다며 삶의 방향을 계획하지 않은 경우가 이에 해당된다. 정체감 유실(identity moratorium) 상태에 있는 사람은 현재 위기 상태를 겪고 있으며, 끊임없이 자신의 정체감을 찾기 위해 활발한 탐색 활동을 벌인다. 법대에 진학하려고 계획 중이던 사람이 자신의 적성에 정말 맞는 일이 무엇인지 고민하는 것이 이에 해당된다. 정체감 성취(identity achivement) 상태에 있는 사람은 위기의 시간을 통해 확고한 정체감을 가지게 되며 자신의 신념이나 가치를 확립하고 그에 맞는 개인적 활동이나 사고에 관여한다. 많은 고민 끝에 자신의 적성에 맞고 자신이 잘할 수 있는 일을 찾는 것이다.

정체성에 영향을 미치는 요인은 다양하다. 먼저 개인이 가지고 태어나는 성향이나 능력은 정체성에 영향을 준다. 이 외에도 부모나 단체 그리고 개인이 속한 민족 문화는 개인의 정체성 형성에 직간접적인 영향을 미친다. 부모의 양육 행동은 청소년기 정체성 발달에 중요한 역할을 하게되며, 아동은 부모와의 상호작용을 통해 정체성 확립을 위한 다양한 바탕을 마련하게 된다. 부모는 아동과 함께 다양한 활동에 참여함으로써 아동의 관심사를 만들어 줄 수 있다. 부모가 아동과 함께 교회를 나간다면 아동의 종교관에 영향을 줄 수 있으며, 아동에게 특정 가치관을 직접 가르침으로써 아동의 정체성 형성에 영향을 끼치게 된다. 청소년은 또래로부터도 영향을 받는다. 친구처럼 편한 대상과 함께 다양한 활동을 공유하고 경험함으로써 긍정적인 정체성 탐색 과정을 거치게 된다. 이러한 과정에서 자기 정체성을 형성하게 되며, 반면에 부정적인 영향도 끼칠 수 있는데, 많은 청소년은 또래의 영향을 받아 약물 복용이나 비행 행동 등 위험 행동을 하기도 한다.

2. 나의 가치는 뭘까

자아존중감(self-esteem)이란 자신이 인지한 자신의 특성이나 속성을 평가하여 이로부터 형성하는 자기가치감을 뜻한다. 자기가치감은 현실을 반영한 것일 수도 있지만 현실을 반영하지 않은 것일 수도 있다. 예를 들어 반에서 2등 하는 아동도 자신이 똑똑하지 않다고 생각해 낮은 자존감을 가질 수 있다. 반대로 객관적으로는 그다지 매력적이지 않지만 스스로는 자신이 매력적이라 생각하는 높은 자존감을 가지는 아동도 있다. 자아존중감 발달 과정을 살펴보면, 청소년기의 자아존중감 감소는 매우 일시적이며 청소년이 되면 타인에게 인식되는 자신의 모습을 많이 신경 쓰게 되는데, 한 사람이 거울 앞에 서 있는 모습으로 비유하여 '거울 속 자기(looking-glass self)'라고 한다. 청소년의 자존감이 주변 사람과의 관계에 영향을 많이 받는 이유를 청소년이 관계의 맥락에 따라 자신의 가치감을 다르게 평가한다고 보기 때문이다. 청소년은 부모와 있을 때와 교사와 있을 때 혹은 또래의 동성과 있거나 이성과 있을 때마다 조금씩 다른 자기가치감을 나타내었다.

자아존중감 발달이 삶에 미치는 영향은 일반적으로 자아존중감이 높은 사람은 삶에서 많은 이점을 가지게 된다. 자아존중감 발달은 삶의 다양한 영역에서 긍정적인 영향을 미치기도 하는데, 관계 만족도와 직업 만족도, 직장에서의 지위와 연봉, 긍정적 및 부정적 정서, 우울증 그리고 신체적 건강과 같은 삶의 중요한 요소와 자존감의 관계를 분석한 결과, 자아존중감은 삶의 중요한 요소의 원인으로 작용하였으며, 각각의 요소마다 자아존중감과의 상관성은 다양하게 나타났다. 이를 살펴보면 자아존중감이 높은 사람일수록 인생 전반에 긍정적인 정서를 가졌으며, 자아존중감이 낮은 사람일수록 부정적인 정서를 보였다. 또한 자아존중감이 높은 사람일수록 우울증의 빈도는 낮게 나타났으며, 자존감은 관계나 직업 만족도에 어느 정도 영향을 끼쳤으며 건강에도 영향을 주었다.

자아존중감 발달에 영향을 주는 주요 요인에는 아동 초기 부모와의 관계나 또래와의 사회적 비교가 있다. 자아존중감은 영아기와 아동 초기에 일어나는 부모와의 상호작용 질에 따라 형성된다. 특히 부모 양육의 민감성은 아동의 자아존중감 형성에 큰 역할을 한다. 또한 청소년기 동안 부모의 지지와 독립성 훈련은 자녀의 자존감 향상에 큰 도움이 된다. 또한 학교에서의 선생님으로부터 칭찬과 지지 그리고 격려가 자아존중감에 커다란 영향을 미친다. 필자가 초등학교 4학년 때 지금은 작고하신 선생님으로부터 받은 사랑과 지지는 지금까지도 커다란 용기를 주고 있으며, 살아가면서 스스로를 사랑하는 밑거름이 되었다. 반면에 낮은 자존감을 가진 아동은 영아기나 아동 초기에 부모에게 학대를 받거나 거절당한 경험이 있게 된다.

또한 또래 역시 아동의 자아존중감 발달에 영향을 준다. 특히 아동은 어린이집이나 유치원에 다니게 되면서 또래와의 사회적 비교를 시작한다. 사회적 비교(social comparison)란 다른 사람과의 비교를 통해 자신을 평가하는 것을 말하는데, 이러한 사회적 비교는 서구 사회나 우리나라와 같이 경험이 뚜렷한 환경에서 더욱 두드러지게 된다.

따라서 자아존중감을 향상시키기 위한 긍정적인 지지와 부모의 태도나 선생님의 영향이 크다는 것을 알아야 한다. 그리고 또래와의 건강한 사회적 관계가 영향을 준다는 사실을 간과해서는 안된다.

3. 행복한 삶을 위한 청소년 과제

우리는 삶을 살아가면서 행복이란 무엇인가에 대해서 가장 많은 관심을 갖고 살아간다. 아리스토텔레스는 《행복론》에서 행복이란 '에우다이모니아(eudaemonia)', 즉 진정한 의미의 삶을 살기위해서 인간이 최고선을 위해 사는 삶을 말하며, 이 말은 '아레테(진정한 앎)'를 실현하고 행복을 누리는 삶이라고 말한다. 그러나 세상은 우리에게 행복의 개념이나 가치관을 나의 기준이 아닌 세상의 기준으로 적용하고 있기 때문에 우리는 행복을 찾아 끊임없이 떠나게 된다. 높은 이상이나 꿈과 같은 기대치를 만족시키고자 추구하게 되지만 현실은 그것을 감당하기 힘들 때가 많다.

요즘은 학생들의 진로에 대한 관심을 반영하여 각 학교마다 진로 캠프를 하고 있다. 각 분야의 전문가들을 초청하여 직업을 소개하고 학생들은 자기가 희망하는 직업과 진로에 대해서 알아가는 뜻깊고 의미 있는 시간을 갖게 된다. 필자 또한 경기도의 고등학교에서 상담심리 분야 전문가로 참여한 적이 있다. 학생들의 눈망울은 초롱초롱하고 자기가 원하는 분야라 그런지 무척 관심도 많고 집중도 대단했다. 시간이 조금 지나서 여느 강의 때처럼 질문을 던졌는데 그 질문은 "여러분은 지금 행복한가요?"였다. 40명이 넘는 꽉 찬 교실 안에서 손을 든 학생은 단 5명뿐이었다. 그런데 불행하다고 생각하는 학생들의 대답이 의외였다. "부모님이 행복하지 않아 보여서 행복하지 않아요"였다. 이들에게 있어서 부모의 역할과 영향력은 매우 크다는 것을 의미한다. 즉 자녀들은 사회적, 환경적 그리고 부모나 타인의 영향을 받고 성장해 간다는 말이다. 따라서 자녀들이 올바른 가치관을 정립하고 살아가기 위해서는 자기 자신의 장점을 발견하고 삶의 의미를 어디에 두고 살아갈 지에 대한 충분한 고민의 시간과 과제가 필요하다고 본다.

첫째, 진정한 나를 발견하고자 노력해야 한다. 자아정체성이라는 말은 청소년기 동안에 성인기 이전에 획득해야 하는 것으로서 모든 경험으로부터 발생하게 되며 성인기 동안에 과제를 해낼 수 있는 것을 성취하는 것이다. 에릭슨은 정체성 개념을 각 단계에 따른 심리사회적 위기들을 거치면서 점진적으로 이루어지는 성격 발달을 나타내는 개념으로 보았다. 이 말은 "나는 누구인가?"에 대한 탐색을 하는 과정이라고 보면 된다. 에릭슨은 이러한 통합이 이루어지지 않으면 정체성 혼미(identity diffusion)라는 증후군이 나타나는데, 이것은 신체적 친밀성, 미래에 대한 직업 선택, 경쟁, 심리사회적 자기-정의를 동시에 요구받는 상황에서 발생한다고 보았다. 따라서 자아정체성을 바로 획득해야 앞으로의 직업이나 진로 선택에 있어서 바른 선택과 자신의 적성과 성격에 적합한 선택을 할 수 있게 된다.

둘째, 롤 모델을 찾아라. 청소년들에 관한 연구 결과에 따르면 청소년들은 모방하는 단계이므로 롤 모델을 모방하며 성장한다고 한다. 이것은 '나도 누구처럼 살 거야'라는 신념을 갖게 된다는 것이다. 그런데 그중에 부모가 차지하는 비중이 매우 높다. 특히 남자들은 아빠를 통해서 사회성을 배우며, 여자들은 엄마를 통해서 여성성을 배우게 된다고 한다. 그리고 부모가 사는 모습을 통해서 안정감과 행복감을 경험한다고 한다. 더 중요한 것은 부모의 모습을 그대로 보고 배움으로써 나중에 결혼생활에까지 영향을 미치게 된다는 것이다. 따라서 부모로서 자녀에게 좋은 롤 모델이 되어 주도록 노력해야 한다. 또한 청소년들은 사회에서 성공한 사람들의 성공 스토리를 통해서 간접적으로 경험하게 되며, 그들처럼 살아가고자 노력하게 된다. 올바른 롤 모델을 찾아서 탐구하고 그들처럼 살고자 노력하며 습관을 바꿔 간다면 시간이 지나서 그들처럼 만족한 삶을 살고 있을 것이다.

셋째, 경험을 통해서 삶을 배우라. 청소년들은 자기 자신에게 알맞은 적성을 찾아서 학과를 선택하고 자신이 원하는 학교를 선택해야 한다. 그러나 그 여정이 때로는 힘이 들고 어려움이 오게 될 것이며, 중도에 포기하고 싶은 생각이 들기도 할 것이다. 인간에게 있어서 경험은 어떤 자산보다도 훌륭하다. 성공의 경험뿐만 아니라 실패의 경험 또한 값진 것이다. 실패를 두려워하지 말고 실패를 성공으로 바꿀 수 있는 지혜를 얻는다면 그보다 값진 재산은 없다고 본다. 따라서 청소년들은 직접 경험과 간접 경험을 통하여 많은 것을 접할 수 있도록 시간을 할애할 필요가 있다. 우리가 앎이라고 하는 것은 많은 경험을 통해서 얻을 수 있기 때문에 여행을 통한 경험을 시도하는 것도 중요하다. 현장 경험을 통해서 깨닫고 느껴 보는 것도 매우 중요하다. 또한 간접 경험으로 독서를 추천한다. 책을 통해서 수많은 지식들을 얻을 수 있다면 진정한 앎을 실현하는 데 많은 도움이 될 것이며, 삶이 윤택해질 것이다.

현재를 영어로 'present'라고 한다, 현재라는 뜻도 있지만 선물이라는 뜻도 된다. 현재라는 시간은 우리에게 신이 주신 선물이라는 의미도 있다. 이 시간을 얼마나 잘 활용하느냐에 따라서 우리의 인생은 또 다른 삶으로 초대될 것이다. 매년 11월 둘째 주 목요일에 수능을 치르는 고등학교 3학년 수험생들은 대학교에 진학하기 전까지 3개월여의 긴 시간이 주어진다. 그때가 바로 아레테를 실현하기 위한 소중한 시간이므로 잘 활용하길 바란다.

이러한 것을 통해서 자신의 미래를 한번 그림으로 그려 보라. 10년 후 자신의 모습을 그려 보라. 20년 후 자신의 모습을 그려 보라. 분명 그림 속에 모습으로 10년 후, 20년 후의 삶을 살고 있을 것이다.

3장

부모 자녀 편

부모의 양육 태도가 자녀의 감정을 다르게 만든다

첫 번째

부모의 양육 태도와 자녀의 감정 코치

1. 자녀의 감정을 무시하는 부모
2. 자녀의 감정을 비난하는 부모
3. 자녀의 감정을 표현만 하게 하는 부모
4. 자녀의 감정을 표현하고 해결하게 하는 부모

첫 번째

부모의 양육 태도와 자녀의 감정 코치

1. 자녀의 감정을 무시하는 부모 / 2. 자녀의 감정을 비난하는 부모 /
3. 자녀의 감정을 표현만 하게 하는 부모 /
4. 자녀의 감정을 표현하고 해결하게 하는 부모

상담에 오는 대부분의 아이들을 상담하다 보면 부모의 영향이 많은 부분을 차지하고 있다는 것을 알 수 있다. 부모의 양육 방식이 아이의 성장에 영향을 미치고 미래를 좌우하게 되는데, 부모의 양식 방식에는 축소 전환형 부모, 억압형 부모, 방임형 부모, 감정 코치형 부모 등 네 가지로 나눠 볼 수 있다. 따라서 부모의 유형을 살펴봄으로써 부모 유형에 따른 태도와 아이에게 미치는 영향을 이해하고 부모로써 자녀의 양육 태도를 바꾸어 나가야 할 것이다.[05]

---

[05] 부록 4. '부모 양육 태도 검사지' 참고

1. 자녀의 감정을 무시하는 부모

다양한 감정을 갖고 있고 이를 자유롭게 표현할 수 있는 사람이 건강한 사람이다. 감정이 억압된다든지 무시된다면 내 감정이 잘못되었나 하는 생각이 들고 차츰 감정에 대해서 회피한다든지 아무렇지 않게 생각하게 된다. 언제나 미소 띤 천사의 페르소나로 살아가게 된다. 긍정적으로 삶을 살아가려고 노력하게 되며 성인이 되어서 내가 없음을 발견하는 순간 깊은 좌절을 맛보게 된다. 감정을 무시하는 부모의 양육 태도 속에서 자란 자녀들은 사춘기가 되면 부정적 감정을 해소하려 하지만 '그러면 안 돼'가 머릿속에 있기 때문에 자해를 한다든지 축적해 놓은 부정적 감정을 표출하면서 폭력적으로 변하기도 한다. 상담에 오는 대부분의 자녀들은 착한 아이 콤플렉스로 자라온 탓에 순종적이고 착하게 살아야 된다는 생각이 강하다. 따라서 자기 자신이 없어지고 눈치를 많이 보게 되면서 삶을 살아간다. 이렇게 자란 자녀들은 나이가 들수록 삶의 회의감이 들고 좌절감이 많게 된다.

내담자 가운데 한 여학생은 1남 2녀의 둘째로 대학생이 되어 학교에 다니면서 언제나 행복하다고 생각했다. 그러던 중 대학교 수업 때 팀 발표를 하는데 문제가 생겼다. 언제나 밝고 자신감이 넘치는 활발한 태도였는데 어느 날 자신을 두고 수근거리는 소리를 듣게 되었다. 그 순간 심장이 멎는 듯하고 사람들 앞에 나서는 게 불편하고 자신감이 급격하게 떨어지는 것을 느꼈다. 그러면서 발표를 할 수 없을 정도로 심장이 뛰는 것을 느꼈다. 이를 계기로 상담에 오게 되었다. 자신의 감정을 적절하게 대응하지 못하고 자신의 감정을 처리해 본 경험이 없이 부정적인 감정은 보지 않으려고 하는 삶의 태도가 만들어 낸 결과라는 것을 알게 해 주었다. 내담자는 이것을 깨닫는 순간 부정의 감정도 버리거나 회피하는 것이 아니라 건강하게 처리하는 것이며, 그 방법을 깨달으면서 자기 자신을 새롭게 바라보게 되었다.

축소 전환형 부모는 어두운 분위기보다 미소와 유머가 더 좋다고 생각하기 때문에 많은 경우 아이의 부정적 감정을 가볍게 여긴다. 슬퍼하는 아이를 간지럼 태우려 하거나 화난 아이의 격한 감정을 놀리는 부모도 있다. 이런 경우 아이들은 "내가 이런 행동을 하는 건 다 내 생각이 잘못되었기 때문이야"라고 생각하게 된다. 아이의 감정을 사소하게 여기거나 무시하는 부모들은 대부분 그렇게 하는 것이 정당하다고 생각한다. 자녀는 결국 아이에 불과하기 때문이다. 그래서 자녀의 감정에 대한 자신의 무관심을 합리화하는 아이는 비합리적이라고 생각한다. 축소 전환형 부모에게서 자란 아이들은 자신의 감정이 옳지 않고 부적절하며, 타당하지 않다고 느끼게 된다. 자기가 상황을 느끼는 방식 때문에 자신이 본질적으로 옳지 않다고 생각할지 모른다. 이런 아이는 감정을 조절하는 것을 어려워한다.

자녀의 감정을 무시하는 부모, 즉 축소 전환형 부모의 태도 특징은 아이의 부정적 감정이 빨리 사라지기를 바란다는 점이다. 아이의 감정을 중요하지 않다거나 대수롭지 않게 취급한다. 아이의 감정에 무관심하거나 무시한다. 아이의 부정적 감정이 빨리 사라지기를 바란다. 아이의 감정을 무마하려고 전형적으로 기분 전환할 거리를 제공한다거나, 때로는 아이의 감정을 비웃거나 경시할 수 있다. 아이의 감정은 비합리적이기 때문에 중요하지 않다고 생각한다. 아이가 부모와 의사소통을 하려고 노력할 내용에 별 관심을 보이지 않는다. 자기 자신과 다른 사람의 감정을 인식하는 능력이 부족할 수 있다. 아이의 감정을 불편해하거나, 두려워하거나, 걱정하거나, 짜증을 내거나, 상처를 입히거나 또는 어쩔 줄을 몰라 매우 당황한다. 감정적으로 통제가 불가능한 것을 두려워한다. 감정의 의미 자체보다는 어떻게 하면 그 감정을 잊어버릴까에 초점을 맞춘다. 부정적 감정은 해로워서 독이 된다고 믿는다. 부정적 감정에 초점을 맞추는 것은 문제를 더 악화시킬 뿐이라고 생각한다. 아이의 감정에 대응하여 어떻게 해야 할지 알지 못한다. 아이의 감정을 문제 해결의 요구로 본다. 부정적 감정을 보이는 것은 '정서적으로 안정되지 못해서'라고 믿는다. 아이의 부정적 감정은 부모의 체면을 심하게 깎는다고 생각하기에 자제시키려고 애쓴다. 아이의 감정을 최소화시키고, 그런 감정을 불러일으킬 사건을 축소시킨다. 아이와 함께 문제를 해결하지 않고 그저 시간이 가면 대부분의 문제가 해결된다고 믿는다.

2. 자녀의 감정을 비난하는 부모

자기 자신의 감정을 무시당하거나 비난당하는 경우 사람들은 자존감이 낮아지며, 열등감이 심해진다. 자녀들의 경우 감정을 무시당하는 경험이나 비난받는 경우 의기소침해지며 눈치를 많이 보게 된다. 서울 소재 대학에 다니는 22세의 한 학생의 경우 남들이 보기에는 공부도 잘하고 괜찮은 사람으로 인정을 하지만 유독 자기 자신에 대해서 인정을 하지 못한다. 부모님과 형제들로부터 어릴 때부터 어떤 경우에도 비난받고 자란 이 학생이 상담에 왔을 때, 눈치도 많이 보고 자존감이 낮았다. 명문대에 못 가고 서울 소재 대학에 갔다는 이유로 공부를 잘한 두 형들 밑에서 자주 혼나고 공부 못한다고 비난받기 일쑤였다. 더욱이 초등학교 때 형들에게 맞고 울면서 엄마에게 이야기했을 때 오히려 형들한테 대든다고 혼이 났다고 한다. 그 이후 더욱 의기소침해졌다. 공부를 잘해도 형들이 더 잘하니까 인정해 주지도 않고 집에서는 모든 면에서 무시당하며 성장했다. 그러면서 자신의 감정을 어디에도 털어놓을 수 없게 되자 순간 감정이 차츰 생기게 되었다. 예전과는 달리 욱하는 성질과 분노 감정이 심해지자 상담을 받게 되었다. 비난하는 부모 밑에서 자라는 자녀들은 처음에는 떼도 써 보고 울기도 하지만 차츰 무시당하고 비난당하면서 감정을 속이게 되고 인정과 칭찬을 받고 싶은 욕구가 강하기 때문에 부정적인 감정을 잘 드러내려 하지 않는다. 혼나거나 매 맞는 아이의 경우 학교에 가서 폭력적으로 변한다든지 욱하는 성질 때문에 감정이 폭발하고 이성을 잃는 경우가 많다.

억압형 부모는 아이의 감정을 축소 전환하는 부모와 공통점이 많지만 몇 가지 차이점이 있다. 억압형 부모는 눈에 띄게 비판적이고 자녀의 정서적 감정을 단순히 무시하거나 부인하거나 대수롭지 않게 여길 뿐 아니라 잘못된 것이라며 비난까지 한다. 결과적으로 이들의 자녀는 슬픔, 화, 두려움을 표현했다는 이유로 꾸지람을 듣거나 매를 맞는다. 벌을 서는 경우도 종종 있다. 억압형 부모는 아이의 감정을 이해하려고 하기보다 감정과 관련된 행동에 초점을 맞추려는 경향이 있다. 아이가 화가 나서 발을 동동 구르면 엄마는 딸에게 그렇게 화를 내는 원인을 인정하지는 않고 딸아이가 불쾌하고 반항적인 태도를 보였다는 이유로 종아리를 때리려 한다. 억압형 아버지는 아이들이 잠잘 시간에 매번 울어 대면 혹시 어둠에 대한 두려움 때문은 아닐까, 라고 생각하지 않고 성가시다며 아들을 꾸짖는다. 억압형 부모는 아이의 정서적 경험에 대해 도덕적 판단을 하려는 경향이 있다. 대부분의 억압형 부모들은 아이가 원하는 것을 손에 넣기 위해 눈물로 호소해서 부모를 조정한다고 생각하기 때문에 심기가 불편하다. 아이에게 미치는 영향은 아이는 자신의 감정이 옳지 않다고 생각하며, 타당하지 않다고 느낀다. 자기 상황을 느끼는 방식 때문에 자신이 본질적으로 옳지 않다고 생각할지 모른다. 이런 아이는 감정을 조절하는 것을 어려워한다.

억압형 부모의 태도는 많은 행동이 축소 전환형 부모의 행동과 같다. 차이점이라면 좀 더 부정적이라는 점이다. 아이의 감정 표현이 옳고 그른지 판단하고 비판한다. 아이에게 한계를 정할 필요성을 지나치게 의식한다. 바른 기준이나 행동에 순응할 것을 아이에게 강조한다. 아이의 행동이 옳던 그르던 상관없이 감정을 표현할 것을 꾸짖거나 매로 다스리거나 벌을 준다. 부정적 감정의 표현은 시간의 제약을 받아야 한다고 믿는다. 부정적 감정은 억제해야 한다고 믿는다. 부정적 감정은 성격이 나쁘다는 것을 반영한다고 믿는다. 아이가 부모를 조정하기 위해 부정적 감정을 사용한다고 믿는다. 이러한 믿음은 부모 자식의 기 싸움으로 이어진다. 감정은 사람을 약하게 만들기 때문에 아이는 정서적으로 강인해야 한다고 믿는다. 부정적 감정은 비정상적이고 시간 낭비라고 믿는다. 부정적 감정은 마구 휘두르면 안 되는 것으로 본다. 권위에 대한 아이의 복종에 관심을 갖는다.

3. 자녀의 감정을 표현만 하게 하는 부모

부모의 양육 가운데서 자녀의 판단이 제멋대로 흐르게 하고 감정을 표현만 하게 하는 부모가 바로 방임형 부모이다. 우리는 길거리나 마트 등에서 어린 자녀들과 다툼을 하거나 실랑이를 하는 광경을 자주 목격할 수 있다. 현명하고 지혜롭게 대처하는 부모가 있는가 하면 어떻게 해야 할지 몰라서 아이가 원하는 대로 다 들어주는 엄마들을 보게 된다. 아이가 드러누워서 발을 하늘로 치솟고 울거나 폭력적으로 행동하면 수습하기에 급급해서 그냥 사 달라는 대로 다 사 주고 요구하는 대로 다 응해 주게 된다. 요즘 가끔 드라마나 영화에서도 등장하는 갑질 하는 모습들을 보게 되는데 이런 부모의 태도가 아이에게 큰 영향을 미치게 된다. 비슷하게 기업의 회장 자녀들의 행동으로 인해 매스컴에서 크게 이슈가 된 적이 있으며, 이런 모습들로 인해 사회에 미치는 영향은 매우 크다. 감정을 적절하게 통제하지 못하는 그리고 적절하게 표현하고 그 감정을 처리하는 법을 배우지 못한 까닭이다. 부모로부터 자신의 감정을 허용받은 경험은 어떤 경우에도 자신의 감정에 대해서 무조건적 수용이라고 당위적 명제가 있기 때문에 어려움이 있다. 어릴 때에는 부모가 어느 정도 해결해 줌으로써 문제가 일어나지 않지만 성장하면서 책임을 져야 되는 경우에는 여러 사람에게 피해를 주고 사회에까지 악영향을 미치게 된다.

방임형 부모 특징은 자기 자녀에 대해 무척이나 공감하면서 아이가 어떤 감정을 겪어도 엄마, 아빠는 다 이해하니까 괜찮다고 일러 준다는 것이다. 그러나 문제는 방임형 부모는 부정적 감정을 다스리는 방법에 대해 아이에게 어떤 방향을 제시할 준비가 되지 않았다거나 의지가 없는 경우가 많다는 것이다. 방임형 부모는 아이의 감정을 방관자의 입장으로 바라본다. 이들은 분노와 슬픔을 분출하면 해결되는 단순한 것으로 보는 경향이 있다. 아이가 감정을 표현하도록 하면 부모로서의 역할을 모두 끝나는 것이다. 방임형 부모는 아이에게 문제 해결 방법을 가르치지 않을 뿐만 아니라 행동의 한계를 정하는 것도 어려워한다. 무조건적인 수용이라는 이름 아래에 이들은 아이가 부적절한 감정 표현을 하거나 고삐 풀린 망아지처럼 행동해도 혼내지 않고 내버려 둔다. 그러면 화난 아이는 공격적으로 변해서 다른 사람을 다치게 한다. 방임형 방식에는 분명 모순이 있다. 방임형 부모는 모든 것을 용납하는 태도로 자녀에게 행복의 기회라면 모두 제공하려고 한다. 하지만 어려운 감정을 다스리는 법에 대해 아이들에게 어떤 길도 제시하지 못하기 때문에 방임형 부모의 아이들은 결국 억압형 부모와 축소 전환형 부모의 아이들과 똑같은 입장에 선다. 정서적으로 똑똑하지 못한, 미래에 대한 준비가 부족한 아이가 되는 것이다. 아이에게는 감정을 조절하는 법을 다루지 못하고 집중력이 부족해지는 영향을 미친다. 친구를 사귀며 다른 사람들과 사이좋게 지내는 것을 어려워한다.

　방임형 부모의 태도는 부모 아이의 모든 감정 표현을 거리낌 없이 받아준다. 부정적 감정을 경험하는 아이를 위로한다. 행동에 대한 지침을 제공하지 않는다. 감정에 대해 아이를 가르치지 않는다. 지나치게 관대하며 한계를 정해 주지 않는다. 아이가 감정을 이겨 내는 것 외에 할 수 있는 일은 없다고 믿는다. 감정은 분출하면 해결된다고 믿는다.

4. 자녀의 감정을 표현하고 해결하게 하는 부모

감정 코치형 부모는 아이가 감정이라는 세계를 헤쳐 나가도록 길잡이 역할을 한다. 감정을 모두 받아들이지만 부적절한 행동은 제한하고, 아이에게 감정 조절 방법과 적절한 분출구를 찾는 방법, 문제 해결 방법을 가르친다. 자기 자신의 감정과 사랑하는 사람들의 감정을 파악하는 능력이 뛰어나다. 슬픔, 분노, 두려움처럼 부정적으로 여겨지는 감정을 비롯해 모든 감정은 우리 인생에 유능한 의미가 있음을 안다. 심지어 침울한 감정을 긍정적 시각으로 묘사한다. 감정 코치를 하는 법은 부모들은 아이가 감정을 표현하는 때를 부모 자식이 같은 가치를 공유할 때가 왔음을 알려 주는 조짐으로 평가하는 것이다. 모든 감정은 용납할 수 있지만 모든 행동까지 용납하지는 않는 감정 코치를 하는 부모에게는 이렇게 한계를 정하는 것이 당연한 일이다. 아이들의 행동이 서로에게 또는 다른 사람들에게 해로운 영향을 미칠 것 같은 경우, 감정 코치를 하는 부모는 아이의 공격적 행동을 즉시 중지시킨다. 감정 코치를 하는 부모는 감정의 힘을 의미 있다고 여기기 때문에 아이들이 보는 앞에서 자신의 감정을 드러내는 것을 두려워하지 않는다. 슬플 때 아이 앞에서는 울 수 있고, 인내심이 한계에 달해 화를 터뜨리면서 왜 화가 났는지 아이에게 말할 수 있다. 대부분의 경우 자신의 감정을 이해하고 분노, 슬픔, 두려움을 건설적인 방식으로 표현한다는 믿음이 있기 때문에 자녀의 본보기가 될 수 있다.

감정 코치를 하는 부모는 아이에게 상처가 될 말이나 행동을 하면 주저하지 않고 아이에게 사과한다. 스트레스를 받은 상황에서 부모는 무심코 아이를 야단치거나 괜히 목소리를 높일 수 있지만, 이런 행동을 서로의 친밀감을 높일 수 있는 또 다른 기회로 여긴다. 특히 부모가 그 당시 어떤 느낌이었는지 아이에게 거리낌 없이 이야기하고, 앞으로 그런 상황을 좀 더 나은 방법으로 어떻게 대처할 것인지 대화를 나눔으로써 배움의 기회를 받을 수 있다. 아이는 자신의 감정을 신뢰하게 되며, 감정을 조절하고 문제를 해결하는 방법을 터득할 수 있다. 자긍심이 높아지고 학습 능력이 상승하며, 다른 사람과의 관계도 원만해질 수 있다.

내 자녀가 왕따를 당하고 있다면 어떻게 대처해야 될 것인가? 아이가 왕따를 당할 때, 부모는 먼저 속이 상하고 가해자들의 인성에 문제가 있다고 생각해 분노하기 쉽다. 그러나 먼저 내 아이가 잘난 척을 하거나 이기적이며 남을 무시하지 않는지, 자신을 수준 이하로 취급해 남보다 스스로 낮추어 복종하는 태도를 지니지 않는지, 정당하게 방어를 하는지를 점검해 보아야 한다. 신체적 왜소함이나 지적 능력의 부족으로 인해 왕따가 될 수도 있지만 왕따 당하는 아이가 원인을 제공하는 경우도 있다. 부모가 애정으로 보살펴 주지 않으면 왕따가 될 수 있다. 부모가 아이를 공부하는 기계처럼 여겨 많은 학원 순례나 지나친 선행 학습을 요구하면서 아이를 인격적으로 소중하게 대우하지 않고 내버려둘 경우, 아이가 사회성을 잃고 타인과 올바르게 교류하는 방법을 배우지 못한다. 오랫동안 홀로 있었던 아이의 경우 말이 어눌하거나 또는 말이 유창하고 지적 능력은 뛰어남에도 정서가 고갈되어 왕따를 당하기도 한다. 초등학교 시절에 결과만을 중시하기보다 부모가 아이와 함께 시간을 보내며 '함께함'의 경험을 심어 주어야 한다. 가해 아동 역시 가정 내에 심각한 문제를 가지고 있을 수도 있다. 집단 따돌림 속에서도 주동적인 역할을 하는 아이가 있는데 다른 아이들도 그 가해 아동의 눈치를 보며 왕따 시키기에 참여하게 된다. 특히 가정생활에서 마음에 분노가 쌓여 있던 아이의 경우에 그 분노가 분출되는 것이다. 그러므로 피해 아동 못지않게 안타까운 현실 속에 살아가는 가해 아동을 이해할 필요가 있다. 적극적인 상담을 통한 가족 치료가 중요하다고 할 수 있으며, 아이가 왕따일 경우, 학교 교사와 학교 측의 도움을 구할 수 있으나 가장 시급한 것은 가족 치료이다. 이것은 가해 아동 가족도 동일하게 해당되며, 부모가 이것을 자신의 문제로 받아들여 적극적으로 대처하는 것이 중요하다.

감정 코치형 부모의 태도는 아이의 부정적 감정은 부모 자식 간의 친밀도를 높일 기회를 제공한다고 생각한다. 슬퍼하거나 화를 내거나 두려워하는 아이와 시간을 보내는 것을 참을 수 있다. 아이의 감정에 인내심을 보인다. 아이의 감정을 파악하고 그것에 초점을 맞춰 대응하는 일이 의미 있다고 생각한다. 아이의 부정적 감정의 세계가 양육 방식의 중요한 영역이라고 생각한다. 아이의 감정 상태를 알기 힘들 때도 예민하게 감정을 포착한다. 아이의 감정 표현에 당황하거나 걱정하지 않는다. 어떤 행동을 취해야 하는지 잘 알기 때문이다. 아이의 감정을 존중한다. 아이의 부정적 감정을 놀리거나 무시하지 않는다. 아이를 위해 자신이 모든 문제를 해결해야 한다고 느끼지 않는다. 감정적인 순간을 기회로 삼게 되는데, 아이의 말에 귀를 기울일 기회, 위로의 말과 애정으로 공감대를 형성할 기회, 아이가 자신이 느끼는 감정에 이름을 붙이도록 도울 기회, 감정 조절에 대한 지침을 제공할 기회, 한계를 정하고 수용 가능한 감정 표현이 무엇인지 가르칠 기회, 문제 해결 기법을 가르칠 기회로 삼는다.

자녀와 의사소통

1. 감사 편지를 써서 자녀가 읽을 수 있는 곳에 붙여 두어 자녀가 읽게 하라.
2. '왜'라는 말보다 '무슨'이라는 말로 질문하라.
3. 좋은 일을 했을 때 칭찬하고 기쁜 마음을 표현하라.
4. 허깅을 자주 하라.
5. 대화를 할 때는 인내하고 기다려 주라.
6. 긍정의 말을 하도록 일부러 찾아서라도 하라.
7. 자녀 앞에서 부부가 대화하는 모습을 보여 주라.

두 번째

자녀의 감정을 코치하는 법

1. 즉각적인 반응과 관심 보이기
2. 아이의 상상력에 날개 달아주기
3. 자녀의 기질별로 다르게 반응하기

두 번째

자녀의 감정을 코치하는 법

1. 즉각적인 반응과 관심 보이기 / 2. 아이의 상상력에 날개 달아주기 /
3. 자녀의 기질별로 다르게 반응하기

1. 즉각적인 반응과 관심 보이기

발달심리학자들은 '아이가 식별할 수 있는 능력'을 갖는 것을 부모를 느끼고 알아보는 순간이라고 말한다. 아무것도 모르는 3개월 된 아기는 부모가 자신에게 보여 주는 것을 토대로 부모의 감정을 읽고 자신의 마음을 표현한다. 이는 곧 부모가 아이에게 보이는 적극적인 반응과 관심이 아이가 아주 어릴 적부터 감지할 수 있는 감정 코치의 한 형태라고 할 수 있다. 부모가 아이의 목소리를 특유의 방법으로 따라하면 아이 역시 부모의 말을 모방한다. 이런 모방을 주고받는 대화는 부모가 아이에게 관심을 가지고 있음을 보여 주는 동시에 '아이의 감정에 맞춰 부모가 응하고 있다'는 것을 보여 준다는 점에서 아주 중요하다. 즉 정서적 교류의 시각인 것이다. 아이들은 활동적이면서도 정서적으로 가깝게 부모와 함께 있기를 바란다는 것을 알 수 있다. 예를 들면 우울한 엄마와 같이 있는 아이들은 엄마의 슬픔을 직감적으로 알아차렸으며, 아이들은 힘이 없고, 잘 놀지 못할뿐더러 쉽게 화를 내고 짜증을 냈다. 엄마의 우울증이 1년 이상 지속되자 아이의 성장 발달이 지연되기 시작했다는 것을 알 수 있다. 그러나 우울증 환자일수록 지속적으로 아이의 보육원 교사와 정상적인 아빠와 함께 개선적인 방향으로 자신을 이끌어 나가면 아기가 긍정적으로 성장할 수 있다.

1) 아이에게 즉시 표현해 주기

6~8개월 사이의 아동은 이 시기에는 아이가 주변의 물체와 환경, 사람들을 통해서 자기표현을 무궁무진하게 할 수 있는 시기이다. 동시에 자신을 둘러싸고 있는 환경 속에서 즐거운 공포, 심리적인 욕구 불만과 같은 감정을 표현하는 새로운 방식을 발견하는 시기이다. 6개월 된 아이에게서 대체적으로 볼 수 있는 발달 과정 중 하나는 처음에는 무관심하게 한 번 보고 지나쳤던 사물과 사람을 관심 있게 지켜보기 시작한다는 것이다. 이전 단계에서 아이는 물체 아니면 사람을 보는 식으로 따로따로 분리해서 보았지만, 이 시기에는 장난감을 바라보고 흥미를 느껴 부모에게 그것을 요구한다. 8개월 전후 아이들은 기어 다니는 법을 터득하면서 그와 동시에 주변 환경에 익숙해진다. 또한 다양한 사람들을 접하면서 낯선 환경에 대한 두려움과 기존에 접했던 것과는 다른 세상을 느낀다. 이는 '타인에 대한 낯가림(strange ansiety)'이라는 용어로 표현된다. 예를 들면, 아이가 타인에 대한 낯을 가리는 행동으로 식료품점에서 웃어주는 점원에게 아기가 같이 웃어 주지 않고 얼굴을 돌려 엄마 품에 안기는 모습을 자주 목격하게 되는데 바로 이런 이유 때문이다. 이 시기에 아이와의 유대를 돈독히 하려면 아이의 감정을 항상 살펴보아야 한다. 가장 좋은 방법은 아이의 감정을 부모가 말로 표

현하는 것이다. 이것은 초기 감정 코치에서 가장 중요하게 다루어지는 부분이다. 표정과 더불어 아이에게 "오늘 기분이 즐겁니?", "얼굴을 찡그리고 있네. 우울한 일이 있니?", "많이 피곤한가 보구나. 엄마 무릎에 누워서 잘래?"라고 말하는 것이다. 이렇게 함으로써 이 시기의 아이들이 낯가림을 하는 것은 흔한 일이므로 아이와의 유대 관계를 통해 이를 극복할 수 있도록 도와주는 것이 부모의 역할이다. 9개월에서 1년 사이의 이 시기는 아이가 다른 사람들의 생각과 감정을 함께 나눌 수 있다는 사실을 인지하기 시작하는 때다. 예를 들어, 망가진 장난감을 아빠에게 보여 주었을 때, 아빠는 "저런, 망가져 버렸네. 너도 슬프지?"라고 말한다. 아이가 9개월 정도가 되면 타인이 자기 마음을 안다고 생각하는 것이다. 동시에 아이는 주변의 사물과 사람들이 일정 시간 동안 영속성을 지닌다는 사실을 깨닫는다. 예를 들면, 엄마가 잠시 비운 상태에서 그 순간만 엄마를 볼 수 없을 뿐이지 엄마는 항상 내 곁에 있다고 인식하는 것과 마찬가지이다. 항상 아이는 부모에게 보호를 받고 정서적으로 안정되게끔 아이에게 생각이나 감정을 표현해야 한다.

2) 선택권을 주기

유아기는 아이가 혼자서 어느 정도 자율적인 활동을 하기 시작한다는 점에서 아주 활동적인 시기이다. 그러나 아이가 부모의 말을 듣지 않기 시작한다는 점에서 통제하기 어려운 시기이기도 하다. 이 시기의 아이는 점점 자기주장을 강하게 하며 처음으로 부모의 말을 듣지 않으려 한다. 아이가 여러 가지 단어를 습득함과 동시에 부모에게 "내 거야", "내가 할래", "싫어"

등의 소리를 하는 시기인 것이다. 이 시기에 부모가 실험하는 감정 코칭은 아이가 힘든 일을 겪거나 화가 날 때 어떻게 감정을 통제할 수 있는지를 가르쳐 줄 수 있는 중요한 지침서가 될 수 있다. 이 시기에는 아이에게 선택권을 주는 것이 필요하다. 동시에 아이가 선택권을 주장할 수 있는 범위를 적절히 조율해서 아이와 엄마 둘 다 만족할 수 있는 상황을 만든다. 예를 들면, "오늘 날씨가 추우니까 코트를 입자"라기보다는 "코트를 입을까, 스웨터를 입을까?"라고 묻는 것이 중요하다.

　이 시기의 아이들은 독점욕이 생기는데 이것은 성격이 나빠서가 아니라, 단순히 아이가 자신을 하나의 독립적인 개체로 인식하기 시작하면서 생기는 현상에 불과하다. 이 시기의 아이들은 자신만 생각할 뿐이며 다른 사람들은 배려해야 한다는 생각은 하지 못한다. 아이들이 장난감을 가지고 놀 때 효과적인 교육을 할 수 있는데, 먼저 아이의 상황을 이해한다고 말하면서 "다른 아이가 인형을 가져가 버려서 화났구나?"라거나 "그 공을 가질 수 없어서 짜증났구나?"라고 말하면 된다. 그다음에 장난감을 공유하는 것, 장난감을 가지고 노는 순서와 화를 푸는 것 등에 대해 이야기한다. "조금 있으면 네가 가지고 놀 차례야"라든지, "사이좋게 가지고 놀아라" 등의 식으로 말하는 것이 중요하다.

2. 아이의 상상력에 날개 달아주기

아이가 5살에 접어들 무렵에는 바깥에 나와 새로운 친구들을 사귀고 다양한 환경을 접하고 여러 가지를 배우는 일들로 집 밖에서 보내는 시간이 많아진다. 부정적이고 나쁜 상황을 극복하는 방법을 배우는 것은 아이가 이 시기에 할 가장 중요한 사항이다. 자기감정을 적절히 통제할 수 있는 능력을 습득하기 때문이다. 이 시기에 친구관계가 아이의 정서 발달에 많은 영향을 주기 때문에 부모는 되도록 아이가 다양하고 사람들과 접촉할 수 있는 기회를 만들어 주어야 한다. 보모는 따돌림을 당하고 있는 아이에게 관심을 기울여야 하며, 아이가 슬프거나 화가 났는지 먼저 파악하고 이에 맞춰 대처하는 것이 필요하다. 이 시기에 상상 놀이는 동생이 태어났을 때 가질 수 있는 질투심을 극복할 수 있는 가장 좋은 방법이라고 강조한다. 또한 이 시기에 아이들이 겪는 감정은 표현할 수 없을 정도로 매우 많다.

1) 무력함에 대한 두려움

부모가 정말 세상에서 무서운 일들을 다 차단시킨다고 해도 아이들 스스로 두려움을 만들어 낸다는 것을 알았다. 그 두려움에 대한 공포는 아이들이 자신에 대한 무력감이나 그로 인해 상처를 받을 때 생긴다는 사실도 깨달았다. 하지만 아이들은 유령이 가지는 무시무시한 힘에 도망가거나 겁을 먹는 동시에 그 유령을 처치해 공포감을 극복하는 자기 자신의 모습도 그린다. 그렇게 아이들은 유령에 대한 무서움을 극복하는 것이다. 감정 코치 부모라면 아이들이 이러한 공포감을 극복할 수 있도록 용기를 북돋워 줘야 한다. 초년기 아이 때와 마찬가지로 이 시기의 아이들 또한 무엇을 입을지, 무엇을 먹을지, 무엇을 하고 놀지에 대한 선택권을 스스로 가질 수 있다. 이때의 자율권은 아이의 능력을 확대시키고 결국 아이가 세상을 자신만의 시각으로 바라보게 해 자신 앞에 나타나는 두려움을 스스로 처리할 수 있도록 해 준다.

2) 버림받음에 대한 두려움

이 시기의 아이들이 아빠가 죽고 못된 새 엄마에게 홀로 남겨진 '백설공주'나 고아로 자라서 거지가 되어 도둑질까지 하는 '올리버 트위스트' 같은 이야기에 커다란 관심을 가지는 것은 너무나 당연하다. 대부분의 아이들에게 무시무시한 분위기와 함께 자기 자신도 홀로 남겨질지 모른다는 공포감마저 선사한다. 이때는 설령 농담으로라도 아이를 놀라게 하거나 협박 투의 말로 이런 얘기를 하는 것은 금물이다.

3) 어둠에 대한 두려움

아이들이 생각하는 어둠은 아이가 모르는 무시무시한 일들과 유령이 함께하는 신비로운 공간이다. 어느 정도 나이가 되면 어둠이 그렇게 무섭지 않다는 것을 깨닫지만 이 나이의 아이들은 어두운 곳을 무서워하고 밝은 곳에서 부모와 있는 것에 안도감을 느낀다. 그렇기 때문에 일부러 아이를 어두운 곳에 놔두고 어둠에 익숙해지도록 하는 일은 피해야 한다.

4) 악몽에 대한 두려움

무서운 꿈 또한 대부분의 아이들에게 공포심의 대상이다. 만약 아이가 무서운 꿈을 꾼 후 우는 소리가 들리면 아이를 안아 달래면서 무슨 꿈을 꿨는지 물어보고, 그 꿈이 현실이 아님을 상기시킨다. 아이가 진정될 때까지 달래 주고, 엄마, 아빠가 옆에서 안전하게 지켜 주고 있다는 사실을 알려 준다. 아니면 아이가 다시 편안히 꿈나라로 갈 수 있도록 책을 읽어 주는 것도 좋다.

5) 부부 싸움에 대한 두려움

부부 갈등은 아이로 하여금 엄마 아빠가 헤어질지도 모른다는 생각을 조성한다는 차원에서 두려움을 유발한다. 아이들이 점점 커 가면서 부부 싸움의 원인을 파악할 수 있을 정도가 되면 정말로 엄마, 아빠가 별거하거나 이혼할지도 모른다는 생각에 겁을 먹을 수 있다. 또한 아이들은 부부 싸움의 원인이 자신에게 있다고 생각하고 죄책감에 빠지기도 한다. 따라서 만일 아이 앞에서 갈등의 모습을 보였다면 아이 앞에서 그 갈등을 해결하는 모습을 보여 줌으로써 아이를 안정시키는 것이 좋다.

6) 죽음에 대한 두려움

죽음에 대한 질문을 받으면 아이의 말이라고 그냥 흘려 넘겨서는 안 된다. 차근차근하게 설명한 뒤 아이가 걱정하지 않도록 안심시켜야 한다. 만약 아이가 친한 친구나 친척 또는 기르던 애완동물의 죽음을 접하며 슬픔을 같이 나누고 위로해 준다. 슬픔이나 죽음에 대한 공포는 그냥 지나치거나 강제로 억압한다고 해서 그 감정이 완전히 사라지는 것이 아니다. 아이에게 때로는 세상이 항상 안전하지 많다는 사실도 인지시켜 줄 수 있어야 한다. 이를 적절히 가르쳐 준다면, 아이는 스스로의 감정을 조율할 수 있게 된다. 아이의 공포심을 줄여 주기 위해 아이의 마음속에 있는 공포심을 스스로 표현할 수 있게 하고, 아이를 다독여 줌으로써 아이가 이를 극복할 수 있는 방법들을 모색하는 것이 필요하다. 아이의 말에 귀 기울여 주고 다독여야 한다.

3. 자녀의 기질별로 다르게 반응하기

아이들마다 태어나면서부터 성격적 특성을 가지고 태어난다. 아이들의 기질에 따라 더딘 아이, 까다로운 아이, 순한 아이의 세 가지 성격 유형으로 나뉘게 된다. 따라서 성격은 좋다 나쁘다로 평가하는 대상이 아니라 기질별로 아이들을 양육하는 것이 바람직하다. 기질에 따라 아이들이 올바르게 성장할 수 있도록 부모가 양육하는 것이 중요하다. 간혹 어린아이들이 부모의 양육 방식 때문에 스트레스를 받는다든지 불만이 생기게 되면, 차츰 자라면서 불만과 분노가 높아지고 제대로 성장하지 못하는 결과를 가져오게 되는 경우를 보게 된다. 기질별 특징과 양육 패턴을 제대로 이해하고 접근하는 것이 중요하다. 부모들이 아이들의 이런 기질적인 성격 유형을 제대로 알 수 있는 방법은 쉽지 않다. 여기서 이야기하는 간단한 방법만 이해해도 유용하게 적용할 수 있을 것이다. 만약 여행을 갈 때 상황에서 아이와 나타날 수 있는 상황으로 더딘 아이, 까다로운 아이, 순한 아이에 따라 나타나는 상황을 예를 들어 보면 쉽게 이해할 수 있을 것이다.

1) 더딘 아이

성격이 급한 부모인 경우 더딘 아이와 여행을 간다고 하면 차에 타기도 전에 전쟁을 몇 번 치러야 할 것이다. 이때 아이를 다그치거나 비난하게 된다면 아이는 큰 상처를 입게 될 것이다. 더딘 아이에게는 기다려 주는 것이 필요하다. 먼저 시간을 정해 주고 천천히 기다려 주는 것이 필요하다. 아이는 약속한 시간 안에 천천히 준비를 하게 될 것이다. 그리고 편안해하며 안정감을 갖고 뛰어 나오며 "엄마, 다 했어요"라고 활짝 웃으며 달려올 것이다. 이때 "우리 아이 참 잘했어요"라고 칭찬해 주면 소통의 역할을 잘하는 부모가 될 수 있다.

더딘 아이는 대기만성형이다. 아이들은 문학가나 예술적인 직업을 갖게 될 확률이 높다. 생각을 많이 하고 행동이 느리지만 지구력과 끈기가 장점이기 때문에 오랫동안 몰입할 수 있는 집중력이 좋다. 그래서 아이들이 잘 해낼 수 있도록 기다려 주는 마음이 제일 중요하다. 그래서 자신의 성격을 극대화할 수 있도록 돕는 것이 부모의 역할이다.

2) 까다로운 아이

까다로운 아이는 바닥에 드러눕는 특징이 있어서 이런 상황을 주변에서 자주 목격하게 된다. 성격이 급한 부모나 한 성격 하는 부모라면 큰 전쟁을 치러야 할 것이다. 만약 여행을 간다면 옷 입는 것부터 고집부리기 시작해서 신발을 신을 때까지 아이가 원하는 취향대로 하려고 할 것이다. 그렇기 때문에 까다로운 아이에게는 먼저 의견을 물어봐 주고 협상을 해야 된다. "네가 원하는 게 뭐니?", "그럼 시간은 얼마를 원하니?"라든지 구체적인 대안을 물어보고 합의점을 찾는 게 중요하다.

까다로운 아이는 사업가형 기질을 타고났기 때문에 협상력이 뛰어나다. 대형 마트나 장난감 가게에서 드러눕고 큰 소리로 울고 있는 아이들 대부분이 이 유형의 아이들이라고 보면 된다. 다른 기질의 아이들도 마찬가지지만 아이의 성격을 고치겠다고 시도하는 것 자체가 어불성설이다. 성격을 바꾼다는 것은 어려운 일이다. 성격을 최대한 강점으로 극대화할 수 있도록 돕는 것이 중요하다. 까다로운 아이들은 우선 자기의 생각이 더 강해서 먼저 행동으로 관철하려고 하기 때문에 먼저 의견을 묻고 체크해 주는 것이 필요하다. 그리고 그 생각에 대해서 비난하거나 판단해서는 안 된다. 의견에 대해서 수용해 주고 반드시 "그렇게 생각했어?", "그러면 어떤 점이 좋은데?"라든지 "엄마, 아빠가 미처 생각지 못했는데 그럴 수 있겠네" 또는 "다른 방법은 없을까?"라고 말해 주는 행동이 필요하다. 그래서 아이의 생각을 수용해 주면서 다른 의견도 생각해 볼 수 있는 여지를 주고 합의점을 찾아 주는 것이 중요하다.

3) 순한 아이

부모들에게 순한 아이는 천사와 같이 예쁜 아이라면 10명이라도 기르겠다고 좋아할 것이다. 만약 여행을 한다면 순한 아이는 굳이 엄마, 아빠가 이야기하지 않아도 좋아서 준비하고 미리 나와서 차에 탈 준비를 마치고 기다릴 것이다. 아마도 동생이 있다면 동생까지 챙겨서 나와 있을 것이다. 순한 아이 기질 유형의 특징은 알아서 한다는 것이다. 아이가 아이답지 않고 미리 알아서 한다는 것은 눈치를 많이 본다는 것이다. 눈치가 빠르기 때문에 마음이 편하지 않고 언제나 긴장을 많이 하게 된다. 그러나 일반적으로 부모들은 알아서 한다는 이유 때문에 자녀들 중에서 손이 덜 가고 어느 순간 관심도 덜 갖게 된다.

순한 아이들은 어느 순간까지는 부모의 인정을 받기 위해 스스로 잘 성장할 수 있다. 그러나 상담에 오는 대부분 순한 아이 성격이 많다는 사실이 놀랍다. 순하기 때문에 잘 적응하고 문제가 없어 보이는데 상담에 오는 이유는 무엇일까? 그것은 정체성이 확립되는 대학생이 되는 시기부터 자신에 대해서 돌아보면서 "내가 없이 살았어요", "나도 엄마, 아빠한테 사랑받고 인정받고 싶어요", "엄마, 아빠는 나를 사랑해 주신 게 아니라 나의 배경을 좋아했던 거예요"라며 자기 자신이 없이 산 것에 대한 후회를 하게 되거나 부모로부터 배신감까지 느낀 경우도 많이 있다는 사실이다.

따라서 순한 아이들에게는 반드시 순간순간 감정을 체크해 주고 소통하려고 노력해야 한다. 그리고 "네가 이렇게 하지 않아도 엄마, 아빠는 네가 최고야"라고 1등을 해서가 아니라, 잘해서 이쁜 것이 아니라 "너니까 사랑해"라고 존재에 대해서 인정해 주는 것이 중요하다. 순한 아이들은 건강하게 스스로 더 잘하고 자존감 높게 성장을 할 것이다.

칭찬의 원칙

1. 구체적으로 칭찬하라.
2. 결과보다는 과정을 칭찬하라.
3. 한 가지 사소한 것도 칭찬하라.
4. 제스처로 칭찬하라.

세 번째

자녀의 다름을
제대로 이해하기

1. 숨은 나를 발견하기
2. 중2병 버티기
3. 상상적 청중과 주인공

세 번째

자녀의 다름을 제대로 이해하기

1. 숨은 나를 발견하기 / 2. 중2병 버티기 / 3. 상상적 청중과 주인공

1. 숨은 나를 발견하기

존스홉킨스 대학병원의 벤 카슨 박사는 1987년 샴쌍둥이 분리 수술을 시도해 성공한 의사로 유명하다. 그러나 5학년 때 구구단을 외우지 못하고 놀림을 당하는 등 초등학교 때는 꼴찌를 도맡아 했다고 한다. 부모의 이혼과 가난 그리고 흑인이라는 이유 때문에 따돌림을 당하는 아이로 자랐다. 그런 그가 의사가 되었을 때 "무엇이 당신을 만들어 주었습니까?"라는 기자의 질문에 "어머니 소냐 카슨입니다. 항상 꼴찌이고 따돌림을 당하는 아이였지만 긍정적으로 기대의 말이 지금의 나를 만들었습니다"라고 말했다고 한다. 벤의 어머니는 "벤, 너는 네가 마음먹기에 달렸단다. 너는 뭐든지 남들보다 잘할 수 있단다"라고 말해 주었으며 그는 이 말이 오늘의 그를 만들었다고 말했다.

필자는 초등학교 4학년 때 담임 선생님이셨던 故 오원재 선생님을 만나면서 삶이 달라지기 시작했다. 초등학교 3학년 때 아버지가 돌아가셔서 아버지 부재로 살아가던 필자에게는 선생님께서 아버지 대리자로서 돌봐 주

셨다. 학교에 가면 그냥 좋았다. 선생님은 늘 칭찬해 주시고 잘한다고 인정해 주시고 격려해 주셨다. 그리고 구체적으로 잘하는 것에 대해서 칭찬해 주시고 또 그것을 해 보도록 기회를 주셨다. 목소리가 좋다고 웅변을 해 보라고 하셨고, 글씨를 잘 쓰니까 서예를 해 보도록 하셨으며, 달리기를 잘하니까 대회에도 나가도록 해 주셨다. 그래서 학교 교내 대회에서 각종 상을 타기 시작했으며, 시도 대회에도 나갈 수 있게 해 주셨다. 선생님이 칭찬해 주시니 소극적이고 소심했던 성격인 필자는 차츰 자신감도 생기고 잘할 수 있다는 희망이 생겼다. 그리고 자신에 대한 뿌듯함을 느끼며 스스로를 인정하게 되면서 자존감이 생기게 되었다. 그래서 줄곧 반장도 하고 어느새 칭찬의 물을 먹으면서 스스로가 변화되어 성장해 가는 모습을 보게 되었다. 故 오원재 선생님의 칭찬과 인정은 '숨어 있는 나', '잠자고 있는 나'에 대한 새로운 발견과 나는 괜찮은 사람이라는 자존감을 싹틔웠다. 그런데 이것은 필자뿐만이 아니었다. 필자의 친구들 중에 선생님의 칭찬과 인정으로 멋진 시인이 되어서 아동문학가로 활동하는 친구도 있고, 아내가 된 유미녀 박사는 유아교육학과가 없던 시절 6학년 담임 선생님이신 이현수 선생님으로부터 유아교육의 꿈을 갖게 되었고 대학에서 유아교육을 공부하여 한때는 어린이집 원장으로 교육계에서 활동하였으며, 지금은 상담학박사가 되어 그 경험을 살려 부모 교육 강의와 학교에서 강의를 활발하게 하고 있다.

《칭찬은 고래도 춤추게 한다》는 책이 많이 읽히던 때가 있었다. 초등학교 시기에 아이의 달란트를 인정해 주고 칭찬해 줌으로써 아이들이 괜찮은 사람이라는 인식과 함께 자존감이 높아지고 스스로 자질을 발견하여 꿈을 키워나갈 수 있는 길을 열어 주는 안내 역할을 담당한다는 것이다. 그리고 이 시기의 아이들은 더 넓은 대인관계와 함께 사회에서 받는 영향을 경험하기 시작한다. 급우들 중 누구와 더 친하고 누구와는 사귀고 싶지 않은지에 대해서 가리기 시작한다. 이성적인 판단이 감성보다 앞서게 됨으로써 아이들의 인지력이 발달하는 시기이기도 하다. 교우관계의 영향을 인식하는 시기이므로 아이들은 다른 사람 앞에서 면박 주지 말아야 한다. 이 시기는 아이가 사회관계를 습득해 나가는 때다. 결국 이때의 배움이 인생 전반에 걸쳐 큰 영향을 미친다. 아이들은 소위 '강점절제술'로 교우관계를 만들어 간다. 대부분 아이들은 이러한 경험과 지혜를 금방 체득한다. 이 시기의 아이들은 가능한 감정 표현을 자제하며 이성에 입각해서 판단하려고 애쓴다.

2. 중2병 버티기

　혼돈의 여정 한가운데서 어디로 갈지, 어느 방향으로 가야 할 바를 모르는 청소년들이 망망대해 파도에 휩쓸려 이리저리 흔들리는 가운데 불안과 두려움 속에서 살아남는 것은 버티는 것이다. 요즘처럼 학교 다니기 바쁘고 대학입시 준비를 초등학교 때부터 하지 않으면 안 된다는 논리로 아이들은 길거리로 내몰리는 현실이 안타깝기만 하다. 〈행복은 성적순이 아니잖아요〉라는 영화가 흥행한 적이 있었다. 성적지상주의가 낳은 성적이 미래를 좌우할 것이라는 환상 속에 살아가고 있는 현실이 안타깝다. 성적으로 인해 일희일비하는 대한민국의 현실이 과연 그렇게 대학에 들어가면 행복할까?

　사춘기는 아이들이 자아정체성에 대해 끊임없이 묻고 나아가는 시기이다. '내가 누구인가? 무엇이 되고 싶은가? 내가 무엇을 해야 하는가?'라는 질문들을 통해 아이들은 고민하고 충돌한다. 그러므로 아이가 문제를 일으키거나 자신만의 세계에 갇혀 있다고 해서 크게 걱정할 필요는 없다. 이 시기에는 가족 문제보다도 친구와의 문제를 더 중요하게 생각한다. 사춘기는 모든 것이 순탄치 않은 시기이다. 성장 발달에 따른 호르몬의 변화가 아이의 심리를 항상 불안정하게 만든다. 뜻하지 않은 사회적 환경이 이 시기의 아이들에게 상처를 주고 동시에 폭력 또는 무분별한 성행위로 이끌 수도 있다. 그러나 자아정체성을 찾아가는 여정 자체를 아이들에게 아주 정상적인 현상이며 성장 발달의 한 요인이다. 부모로서 어떻게 감정 코치를 해야 하는가? 첫째, 부모는 아이도 사생활이 필요하다는 것을 인정해야 한다. 둘째, 아이의 인격을 존중해야 한다. 셋째, 아이 스스로 내리는 결정을 존중하

라. 아이가 정서적으로 겪는 일들을 포용력 있게 받아들이고 문제가 생겼을 때 아이의 고민을 미리 판단하지 말고 진지하게 들어주어야 한다. 항상 아이의 입장에서 문제를 해결해 주는 부모가 되어야 한다.

3. 상상적 청중과 주인공

어느 날 아들이 새벽잠이 많은데 그날따라 새벽 4시에 일어나서 일산에 간다는 것이다. 갑자기 놀라서 자초지종을 물어보니 가수가 되기 위해서 오디션을 보러 간다는 것이다. 너무나 의지가 확고해서 붙잡을 새도 없이 가버리는 아들의 뒷모습은 당당하기까지 했다. 가수가 되겠다며 750만 원만 달라고 요구해서 뭐에 쓰려고 했더니 소속사에 갖다 주려고 한다고 해서 어이없기도 하고 헛웃음만 나왔는데 드디어 오늘 사고 치는구나 싶었다. 2시간 이상 전철을 타고 새벽같이 가서 오디션을 보고 털털거리며 오후가 되자 집에 온 아들이 하는 말, "어무니, 아부지, 저는 가수가 길이 아닌가 봐요." "왜?" 그랬더니 두 소절 부르니까 됐다, 다른 노래 없니 그래서 없다고 했더니 가 보라고 했다고 해서 풀이 죽어서 왔다. 그래서 "가수의 소질이 없나 봐요. 다른 걸 알아봐야겠어요"라는 것이다. 조금은 안쓰러운 마음이지만 이 말이 어찌나 안도감이 들고 굳이 우리가 뜯어 말리고 돈 안 준다고 싸울 필요도 없이 한순간에 정리가 되어서 어찌나 반가운 마음이 들던지. 그리고 우리는 아들과 그날 저녁 외식을 하면서 그동안 고생한 것 그리고 애썼다고 위로를 하는 시간을 가졌다. 요즘은 초등학교 고학년만 되어도 한껏 멋을 부리게 된다. 중학생이면 더할 나위 없이 성인 못지않은 화장과 옷차림을 하고 다닌다. 가끔 앳된 얼굴에 립스틱을 짙게 바른 여학생을 마주친 순간 당혹스러우면서도 "정말 예쁘다. 누가 해 줬어?"라고 물으면 잠시의 경계를 허물고 예쁜 표정과 공손한 말투로 "친구들하고 같이 했어요"라고 말을 이어나가게 된다. 청소년들은 '상상적 청중'의 자아중심성을 가지고 있기 때문에 자신은 마치 연극의 주인공처럼 그리고 타인은 항상 자신에게 집중하고 있는 청중이라고 생각을 하게 된다. 또한 개인적 우화로써 자신의 우정이나 사랑 등의 경험은 타인이 경험하지 못한 아주 특별한 경험이라는 생각을 하게 된다. 따라서 청소년의 정서 이해와 올바른 자아정체성을 확립하도록 해야 한다.

피그말리온 효과

피그말리온이라는 말은 그리스 신화 속의 피그말리온 왕에서 유래된 것으로 피그말리온 왕은 자신이 조각한 여성상을 너무나 사랑한 나머지 미의 여신 아프로디테가 소원을 들어주어 조각상을 인간으로 만들어 주었다는 이야기가 있다. 피그말리온 효과는 무언가에 대한 사람의 믿음, 기대, 예측이 실제적으로 일어나는 경향을 말하는 것으로 1964년 미국의 교육심리학자 로버트 로젠탈에 의해 생긴 말이다. 이는 학생을 가르칠 때 '잘할 것이다'라는 기대를 가지고 임하면 그 학생은 다른 학생들보다 우수하게 된다는 이론이다.

네 번째

행복 치유

1. 가족 간 벽 허물기
2. 행복 레시피
3. N타임 사용하기

네 번째

행복 치유

1. 가족 간 벽 허물기 / 2. 행복 레시피 / 3. N타임 사용하기

1. 가족 간 벽 허물기

우리 부부는 아이가 초등학교에 다닐 때 학교 수업을 마치고 집 현관문 비밀번호를 누르는 소리가 들리자 방으로 베란다로 숨었다. 금방 전까지 집에 있던 엄마와 아빠가 없자 당황하기도 했지만 어디에 숨었을까 하는 찾고 싶다는 생각이 들었던 모양이다. 이 방 저 방 문을 열어 보고 화장실도 가 보고 갈 수 있는 곳은 다 확인하면서 키득키득 웃기도 하고 그러다 문 뒤에 숨어 있던 나를 발견하고는 찾았다는 승리감과 반가움에 미소를 보이며 달려와 안기고는 매우 기뻐했다. 아들은 "아빠, 근데 엄마는 어디 있어요?"라고 말하자, "한번 찾아 봐" 했더니 이곳 저곳을 열심히 찾더니 한참 후 아들은 엄마를 발견하고는 너무나 반갑게 "엄마!" 하더니 달려가서 안기는 것이었다. 매일 반복되는 일상이지만 가족 놀이를 통해서 가족의 분위기는 한결 가볍고 웃을 수 있는 기회를 얻게 된 것이다. 10여 년이 지나 초등학생이던 아들이 지금은 군대를 제대하고 복학해서 대학교에 다니지만 가족 놀이는 지금도 가끔 가족에게 즐거운 시간을 선사하고 있다.

권위적인 아버지, 말 한마디 하려면 얼굴 표정부터 확인해야 했던 어린 시

절을 생각하면 부모님과 경계를 허문다는 것 자체가 용납이 안 되는 시절이 있었다. 그런데 돌아보면 주변에 경직된 가정들이 많이 있다. 그리고 부부간에도 대화가 단절되고 소통이 잘 되지 않는 부부가 많이 있다. 경계를 허물기 위해서 대화법을 배우기도 하고 의사소통 기술을 배우는 것도 중요하다. 그러나 경직된 분위기에서는 어떤 대화도 할 수 없으며 마음의 문을 먼저 여는 것이 필요하다. 가족 놀이는 많은 돈을 걸지 않고 천 원 또는 만 원을 걸고 게임을 하는 것은 재미가 있다. 예를 들면 텔레비전을 볼 때 알아맞히기 게임을 하면 집중도도 커지고 좀 더 재미나게 보면서 대화를 많이 할 수 있다. 더 중요한 것은 아이들은 심리적으로 크게 느껴졌던 엄마, 아빠에 대해서 경계를 허물고 친근감을 갖게 해 주는 효과가 있다. 그리고 게임을 통해서 이겼다는 승리감과 성취감은 심리적으로 큰 만족감을 느끼게 해 준다. 물론 게임에 지는 경우라도 실망하지 않고 게임은 이길 수도 질 수도 있다는 사실을 알려 주고 재미로 할 수 있다는 것을 알려 주어야 한다. 가족 내에서 부모와 자녀가 경계를 허물고 소통하는 법을 배우는 것이 중요하다. 특히 자녀와의 경직된 관계를 허무는 것은 자존감과 연결되기 때문에 중요하다.

또한 가벼운 스킨쉽을 하는것이 중요하다. 자녀들이 어렸을 때 부터 가벼운 허깅을 하는 것이 필요하다. 허깅은 가족 중에 출근이나, 등교할 때 혹은 퇴근이나, 자녀들의 하교 때 반갑게 맞아주며 "잘 다녀오셨어요?" 또는 "잘 갔다 왔니?"라며 인사를 건네며 허깅을 하면 좋다. 가정의 분위기도 한결 나아지고 좋은 분위기를 위해서도 필요하다. 자녀들이 어릴 때부터 이것을 하게 되면 청소년기 때는 물론이고 성장해서도 필요하다고 본다. 그러나 청소년기때 갑자기 하려고 하면 사춘기때의 거부감과 거리감이 있어서 익숙해질 때까지 시간이 많이 걸린다. 뭐든지 그 시기에 알맞게 하는 것이 중요하다.

2. 행복 레시피

인간에게는 일과 쉼과 적절한 레크(recreation)가 필요하다. 여기서 말하는 일은 직업적 일(job) 외에 해야 할 일을 의미한다. 쉼은 정신적인 안정 상태를 의미하며, 여기서는 스트레스가 없는 편안한 심리정서적 상태를 의미한다. 따라서 명상이나 여러 심리적 안정을 위한 심리 상태를 위해서 묵상을 통해서 안정되고 편안한 심리상태를 유지하는 것이 필요하다. 레크적인 부분은 개인의 욕구를 해결하기 위해서 시간을 갖는 것을 의미한다.

요리에도 레시피가 있듯이 욕구를 실현하기 위한 행복타임 레시피가 있다. 심리정서적 안정과 함께 자신의 욕구를 채울 수 있고 부부간 또는 자녀와의 관계가 원활해질 수 있다. 또한 차츰 욕구 단계가 결핍 욕구가 충족되면서 성장욕구로 변화할 것이다.

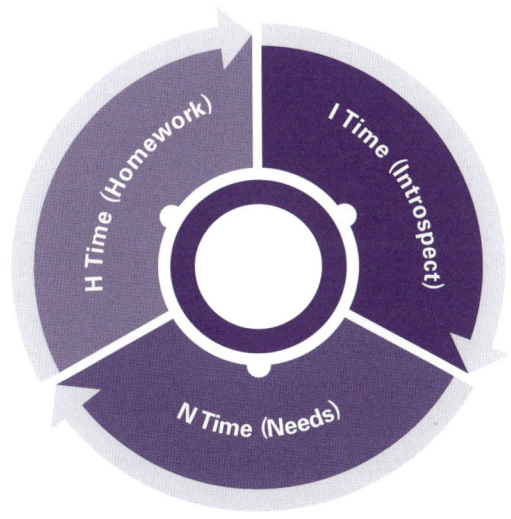

Happy Time

1) H Time(Homework Time)

학창 시절 과제를 하지 않고 수업에 참여해서 수업이 마칠 때까지 혼날까 봐 긴장해 본 기억이 한 번쯤은 누구나 있을 것이다. 과제를 하지 않고 수업에 임하는 시간 내내 긴장과 불안감으로 시간을 보낸 기억이 난다. 과제는 약속이기도 하고 반드시 해야 할 일 가운데 하나로 특별히 시간을 내서 해결을 해야 한다. 만약 그렇지 못한 경우 다른 일을 하는 시간 내내 신경이 쓰이고 편하지 않은 마음이 지속된다. 만약 과제를 하지 않고 미룬다든지 늦게 하려고 하면 하기도 싫고 능률이 오르지 않아 힘들었던 경험이 있을 것이다. 과제는 의무와도 같아서 반드시 해결해야 할 일을 말한다. 이것은 개인적인 일뿐만 아니라 부부, 또는 사회에서 행해지는 일을 포함한다. 반드시 먼저 해야 할 일, 우선적으로 해야 할 일을 말하는 것으로, 이것은 인생 또한 마찬가지이다. 인생 주기별로 해야 할 일이 있는데 이것을 하지 않으면 퇴행을 하거나 성장을 하는 데 걸림돌이 된다. 심리학자 에릭슨은 인생 주기별로 해야 할 일을 하면서 다음 단계로 넘어가야 건강한 인간으로 살아갈 수 있다고 하였다.

또한 이것은 인간관계에서 약속과도 같다. 그래서 누구하고 하든 약속은 반드시 지켜야 한다. 부부관계에서, 자녀와의 관계에서, 사회생활 가운데서 한 번 행해진 약속은 쌍방의 합의하에 체결된 법적인 효력까지는 아닐지라도 지켜져야 한다. 만약 부부간에 약속을 지키지 않는다면 신뢰가 깨지고 그 신뢰가 한 번 깨지고 나서 신뢰를 회복하려면 그만한 대가를 분명히 치러야 하기 때문에 약속은 지켜져야 한다. 개인과의 과제, 부부간의 과제, 가족과의 과제, 사회 속에서의 과제를 반드시 하고 가야 한다.

2) I Time(Introspect Time)

사람이 삶을 살아가면서 하고 싶은 일만 하고 살아갈 수 없으며 정신적 성장을 위해 시간을 투자해야 한다. 잠시 이런 소중한 시간을 위해서 명상이나 묵상의 시간을 통해 심신의 안정을 갖고 잠시 동안 자신을 돌아보는 것이 필요하다. 즉, 자기반성(Introspect)의 시간과 자기성찰의 시간을 위해서 특별한 시간으로 할애해 보는것이다. 우리는 너무나 바쁘게 앞만 보고 삶을 살아가는 데는 익숙하기 때문에 자신의 삶을 돌아보며 자신을 위해서 잠시 시간을 보내는 것을 낭비라고 생각한다든지 그런 시간을 갖는 것조차 필요성을 모르고 살아간다. 따라서 I Time은 자기반성의 시간으로 하루에 30분에서 1시간 정도의 시간을 통해서 묵상을 하거나 자기를 돌아보는 명상의 시간이 필요하다는 것이다. 자신의 잘못된 점이나 꼭 그렇지 않은 상황이라도 명상을 통해서 심신을 안정시키고 삶을 되돌아보는 시간을 갖는 것이 필요하다. 명상을 통해서 자기반성의 시간을 갖게 됨으로써 자신을 돌아볼 수 있는 소중한 시간일 것이다. 삶을 살아가면서 후회하지 않고 살아갈 수는 없지만, 후회로 남을 수 있는 사건이나 아쉬움, 대인관계에서 오는 정리되지 않은 감정을 정리하고 간다는 것은 매우 중요하다. 권명수 외의 연구에서도 명상이나 묵상의 시간을 통해서 심신의 안정과 정신적 안정을 갖는 것은 삶의 만족도에서 매우 중요하다고 보고되었다. 따라서 하루를 마무리할 수 있는 소중한 시간으로 꼭 실천해 볼 수 있기를 권면하고 싶다.

3) N Time(Needs Time)

인간은 기본적으로 필요한 욕구가 충족될 때 또 다른 에너지가 생성되고 생동감 있게 살아갈 수 있다. 행복한 삶에는 중요한 것이 있는데 그것은 누구도 침해할 수 없고 침해해서도 안되는 N타임을 인정하는 것이다. N타임을 사용해서 개인의 필요에 대해서 기회를 줄 수 있는 채움의 시간을 가지는 것이 필요하다. 부부에게 주말을 이용해서 각자가 원하는 시간을 갖도록 주말 오전과 오후로 나누어서 활용하도록 한 후, 반드시 저녁 시간은 함께하는 시간을 갖도록 프로그램을 진행했는데 무척 긍정적이고 만족스러운 결과가 나타났다. 주말 오전은 남편이 아이들과 육아를 한다든지 부부간에 약속된 집안일을 책임지면서 집에서 쉬는 동안 아내가 외출을 한다든지 N타임을 사용하게 해서 시간을 보내고, 오후에는 반대로 아내가 육아를 돌본다든지, 집에서 시간을 보내는 동안 남편이 N타임을 사용해서 원하는 시간을 갖게 한 후 저녁 시간에 함께 집에서 저녁을 먹으면서 보내게 하는 프로그램을 진행했는데 놀랍게도 만족스런 결과를 얻을 수 있었다.

사람마다 개인의 성격과 기질이 다 다르다. 각자의 개성도 다르며, 취미도 다르고 삶의 방식도 다르다. 인간은 기본적인 욕구를 채울 수 있어야 한다. 그것이 차원이 높든지, 낮든지 존중해 주자. 욕구들이 채워지는 순간 결핍 욕구 사다리를 지나 성장 욕구 사다리를 향해 한 단계 한 단계 오르고 있을 것이다. 어느 순간 자아실현의 욕구 단계에 이를 것이다. 가장 중요한 것은 부부가 같이 시간을 보내는 공통의 취미를 발견하고 그 시간을 함께 보낼 수 있다면 더 좋다. 중년 이후의 부부가 공통의 취미를 함께할 수 있는 공통점을 찾는다면 더 좋을 것이다.

주일(일요일)에는 가족이 함께 보내는 시간으로 자녀들과 야외로 나간다든지 같이 무언가를 하는 시간으로 보내는 것이 중요하다. 행복은 소소한 것에서 출발한다. 비싸고 멋진 곳으로 가는 것도 좋겠지만, 함께 손잡고 산책을 한다든지 잠깐의 야외 나들이도 좋을 듯싶다. 그리고 소파에 앉아서 드라마를 보며 대화를 나눌 수 있다면, 그것만으로도 부부가 소통이 되고 만족을 느끼며, 행복한 시간을 보내는 부부는 없을 것이다. 자녀가 게임을 하면 야단치고 부정적인 말로 기를 죽이거나 화나게 하거나 게임을 하지 말라고 야단치기 보다 무슨 게임을 하는지 물어봐 주자. 아내가 드라마를 보면 드라마 제목을 물어봐 주고 주인공이 잘생겼다고 말해 주며 같이 앉아서 보자. 남편이 일하고 집에 오면 현관에 뛰어나가 아이들과 허깅 하며 수고했다고 안아 주고 볼에 입을 맞춰 주자. 아이들은 부모의 모습을 통해 행복감을 느끼게 된다. 행복은 멀리 있는 것이 아니라 늘 함께 살아가고 있는, 같은 공간에 있는 부부 그리고 자녀들과 같은 느낌을 나누며 보내는 순간이 최고의 행복일 것이다. 행복은 인간의 기본권이면서 육과 영과 혼이 안정되고 만족스러운 상태이다. 사람마다 각기 다른 자신만의 하고 싶은 일을 하는 순간이 행복한 시간일 것이다. 가장 자신이 할 수 있는 범위 안에서 원하는 욕구를 해결하는 시간이다. 천 원이 있다면 천 원의 행복을 위해 원하는 것을 해결하며 보내는 것, 만약 아무것도 없다면 그 없는 것으로 얻을 수 있는 것을 얻게 되는 욕구를 실현하는 것이다. 욕심은 내가 가진 것 이상의 것을 당장 원하는 순간이며, 이것은 좌절과 불만을 가져다준다.

자신의 가장 필요한 욕구를 찾아내서 결핍 욕구와 성장 욕구를 잘 해결해 나아가면서 최고의 단계인 자아실현의 욕구를 실현해 나가는 순간이 행복의 순간을 만드는 최상의 시간일 것이다.

　다만 지나치게 자신의 욕구를 위해서만 시간을 할애한다면 홀릭으로 빠질 수 있다. 먼저 선행 조건으로 자신이 해야 할 일을 성실히 책임을 다해서 완수한 후에 자신의 욕구를 해결하기 위해서 떠나는 매우 중요하다. 그리고 자신이 가장 원하는 욕구를 발견하는 것이 중요하다. 특별히 많은 시간을 사용하지 않더라도 그 시간이 행복한 시간이 된다면 족하다. 신은 인간을 다르게 만드셨다. 어느 누구도 같은 사람은 없다. 다른 사람을 바라보는 것은 내가 정확하게 보고 있다고 할지라도 내 눈으로 보는 것이다. 그것은 편견이다. 오로지 상대방의 시선에서, 다른 사람의 입장에서 볼 수 있다면 공감이 될 것이며 위로가 될 것이다. 자신의 편협한 시각으로 다른 사람을 가두지 말고 원하는 만큼 개성대로 살아갈 수 있도록 N타임을 허용하도록 하자.

3. N타임 사용하기

　돈으로 행복을 살 수 있을까? 돈이 얼마나 많아야 행복하다고 할 수 있을까? 물론 없는 것보다는 있는 게 낫다. 그러나 돈으로 행복을 논하기는 어려울 듯싶다. 만약 천 원으로 행복한 감정을 누릴 수 있다면 그 값어치는 대단하다. 전철 안에서 만난 지인 한 분은 길거리나 전철역 또는 전철 안에서 만나는 어려우신 분들을 보면 바구니에 넣으려고 핸드폰 케이스에 천 원을 여러 장 넣고 다닌다고 한다. 그분은 아주 정성껏 바구니에 천 원을 드리며 행복해하신다. 그 모습을 보는 나도 행복한 감정이 이입되는 걸 느끼면서 행복했다. 돈으로 비교할 수 없는 짧은 순간의 마음이 너무나 감동적이며 행복했다. 천 원으로도 행복을 느낄 수 있다는 걸 새삼 깨닫게 되었다.

　만 원의 행복은 많이 듣고 익히 잘 알고 있다. 그러나 실천하기는 쉽지 않다. 그 가치를 아는 사람만이 누릴 수 있고 소수만이 누릴 수 있는 행복이기 때문이다. 어느 날 오후 필자의 아내는 만 원을 집어 들더니 말없이 나가는 것이다. 어디 가냐고 물으니 살짝 미소를 지으며 다녀와서 얘기해 주겠다고 하는 것이다. 궁금하기도 하고 한참 시간이 지난 후 검은 봉지 몇 개 들고 너무나 행복해 하며 들어오는 것이었다. 이유는 간단했다. 집에 오는 길에 햇볕이 너무 좋은데 골목에서 자그맣고 예쁜 꽃을 팔더라는 것이다. 그래서 꽃을 보면서 행복한 감정을 느끼고 싶어서 만 원 한 장 들고 갔다는 것이다. 한 개에 2천 원 하는 화분 다섯 개를 사들고 너무나 행복하다고 그 꽃들을 거실 화초들 옆에 진열하는데 그 감정이 전이되어서 같이 행복해지는 것을 느끼는 순간이었다. 어떤 분은 주말에는 시간이 허락하지 않아서 평일 목요일 오후는 오롯이 자신을 위한 시간으로 쇼핑도 하고, 카페에서 책도 읽고, 친구를 만나 수다를 떨기도 하고, 도서관이나 서점에 가서 책을 읽기도 하고, 조용한 까페나 길거리를 거닐기도 하고, 조용히 글을 써 보는 시간으로 보내기도 하면서 행복하게 사용한다는 것이다. 물론 방법과 욕구(needs)는 개인마다 원하는 것으로 하면 되는 것이다. 어떤 부부는 시간을 달리 갖었었는데 시간이 지나면서 함께 할 수 있고 공유할 수 있는 운동이나, 취미활동을 같이 하게 되면서 너무나 만족스럽고 행복하다고 했다. 미국의 버튼하리스(Burton Hillis)는 "행복은 목적지가 아니라, 삶의 한 방법이다"라고 말하였다. 행복 Day로 일주일 중 하루 특별한 날로 정하여 자신만이 행복한 감정을 누릴 수 있는 일을 일주일에 한 번 활용하면서 행복한 감정을 누리는 시간으로 갖어보는 것은 어떨까?

에필로그

우리 부부는 정말 바쁘게 살았다. 무엇보다 우리 부부는 잘 살았다고 자부한다. 3년 전 강의하러 미국에 갔다가 레이크 타호(Lake Tahoe)에 간 적이 있다. 호수를 거닐면서 웅장하고 아름다운 자연 앞에 입이 벌어졌고 행복한 순간을 만끽했다. 열심히 살아온 뒤에 선물과도 같이 주어진 시간들이었기에 더욱 그랬다. 행복한 순간을 매일 느끼며 살아갈 수는 없다. 우리가 살아가는 순간순간 행복은 함께하고 있다. 그러나 그것을 내가 느끼느냐 못 느끼느냐의 선택과도 같다. 내 심리 안으로 가져오느냐의 선택인 것이다. 결혼 이후 서로 충돌이 일어나고 신혼여행을 가서부터 싸웠던 것 같다. 남들이 보는 부부 이미지와 부부가 겪는 삶 속에서의 재발견은 살아본 사람만이 이해할 수 있다.

차츰 중년이 되면서 부부의 삶을 돌아보게 되었다. 힘든 시기도 있었지만 상담을 공부하고 많은 진통을 겪으면서 진통제를 적절히 맞았기 때문에 지금의 우리 부부의 모습이 존재한다고 본다. 그래도 고마운 것은 대학교 다니는 아들이 "엄마, 아빠가 상담을 공부하면서 좋은 모습으로 변화된 것 같아 본인도 너무나 행복하다"라고 말했을 때 더불어 행복감을 느끼게 되었다.

행복치유라는 책을 부부가 함께 작업하면서 깨달음도 많이 있었으며, 지금까지 부부가 살아온 삶을 되돌아보는 계기가 되었다.

지금 이 순간까지 살아 오면서 고마운 분들이 참 많은데 초등학교 은사님이신 故 오원재 선생님과 정년퇴임하신 이현수 선생님께 깊은 감사를 드린다. 그리고 우리 부부에게 상담을 공부하면서 언제나 지지해 주시고 많은 도움을 주신 든든한 버팀목으로 인도해 주신 국제신학대학원 상담학과장이신 여한구 교수님과 언제나 지지와 격려를 아끼지 않으시는 박경화 교수님께 머리 숙여 깊은 감사를 드린다. 그리고 신앙으로 인도해 주시고 신학을 할 수 있게 도움을 주신 미국의 오이코스대학교 김종인 총장님께 감사를 드린다. 지금은 평택대학교에서 정년퇴임을 하시고 명예교수로 계시는 사회복지를 공부할 때부터 우리 부부를 물심양면으로 애정으로 보살펴 주시고 관심과 사랑으로 함께해 주시는 든든한 이종복 교수님께 감사를 드린다. 그리고 일일이 적지는 못하지만 많은 분들에게 깊은 감사를 드린다.

다름을 인정한다는 것은 나아닌 다른 사람을 수용하고 포용하고 간다는 것이다. "당신 이건 아니잖아 틀렸어"가 아니라 "그렇게도 볼 수 있구나. 그렇게 보니까 그것도 일리가 있네"라고 인정해 주고 타협해 가는 과정을 통해서 좀 더 상대방을 깊이 이해하게 된다면, 부분 부부관계가 달라지기 시작할 것이다.

부부로 살아가는 우리는 다름을 인정하고 좀 더 성숙한 삶을 살아가야 함은 물론 노년으로 들어서는 길목에서 아름답고 행복한 여정을 부부가 함께 손 맞잡고 걸어가야 한다. 필자는 중년의 행복을 되찾았다. 많은 수업료를 지불하면서 먼 길을 돌아왔다. 그래도 우리 가정이 행복할 수 있다면, 우리 사회가 행복할 수 있다면 기꺼이 투자해야 한다. 부부로 살아가는 이 시대 많은 부부들에게 희망이 되길 바라며, 청소년들이 건강하게 행복하게 성장할 수 있도록 부모는 좋은 모델이 되어 주고, 자녀들이 행복한 부모의 모습을 바라보면서 잘 자랄 수 있도록 해야 한다. '아이들은 부모의 등을 보고 자란다'는 말이 있다. 청소년들이 행복한 미래를 기대하며 살아가길 바라며 이 글을 마친다.

2020년 5월

참고 문헌

곽금주, 《발달심리학》, 서울:학지사, 2016, p.280, p.285, pp.271~272, p.274, p.276.

권명수 · 김기범 · 오매화, '기독교 명상으로서의 관상기도 효과에 관한 연구',
　　　　신학사상 185집, 2019, pp.255~277.

권장희, 《공부 집중력 확 높이는 우리 아이 게임 절제력》, 서울:마더북스, 2010.

김영범, 《철학 갤러리》, 풀로엮은집, 2009.

김정효 · 이혜경 · 이수경 · 구순옥 · 김영희, 《초등학교 자녀 이렇게 도와주세요》,
　　　　서울:굿네이버스, 2011, pp.12~15, pp.40~42, pp.78~80.

양옥승 · 정채옥 · 조유나, 《행복한 부모 행복한 아이》, 서울:굿네이버스, 2011, pp.9~14.

이영 · 김온기 · 우현경, 《영아놀이》, 서울:다섯수레, 2008.

정순례 · 양미진 · 손재환, 《청소년 상담 이론과 실제》, 서울:학지사, 2018, pp.43~47.

정옥분, 《사회정서발달》, 서울:학지사, 2006.

정옥분, 《심리정서발달》, 서울:학지사, 2006.

조유나 · 최윤아, '유아의 식습관이 자기 조절 능력에 미치는 영향', 생태유아교육연구,
　　　　9권 1호, 한국생태유아교육학회.

존 가트맨, 남은영 옮김, 《내 아이를 위한 사람의 기술》, 서울:한겨레 경제신문 한겨레BP,
　　　　2009, pp.60~90, p.230, p.234, pp.236~237, p.241, pp.248~251.

황희숙 외, 《아동발달과 교육》, 서울:학지사, 2008.

Michael H. Popkin, 홍경자 역, 《부모코칭 프로그램:적극적인 부모역할》, 서울:학지사, 2007

부록
활동 프로그램

1

Life Story

(과거 탐색: 삶의 이야기)

1. 가로는 태어날 때부터 시작해서 현재까지의 나이를 표시합니다.
2. 세로는 -100부터 +100으로 인생의 좋은 경험과 나쁜 경험을 표시합니다.
3. 자신의 인생을 돌아보며 중요한 사건을 점으로 표시한 후 인물과 주제(예를 들면, 좋은 경험, 나쁜 경험, 결혼, 이혼, 취직, 선생님, 친구, 중요 인물 등)를 작성합니다. 다 기록했다면, 각 점을 선으로 연결하여 마무리합니다.

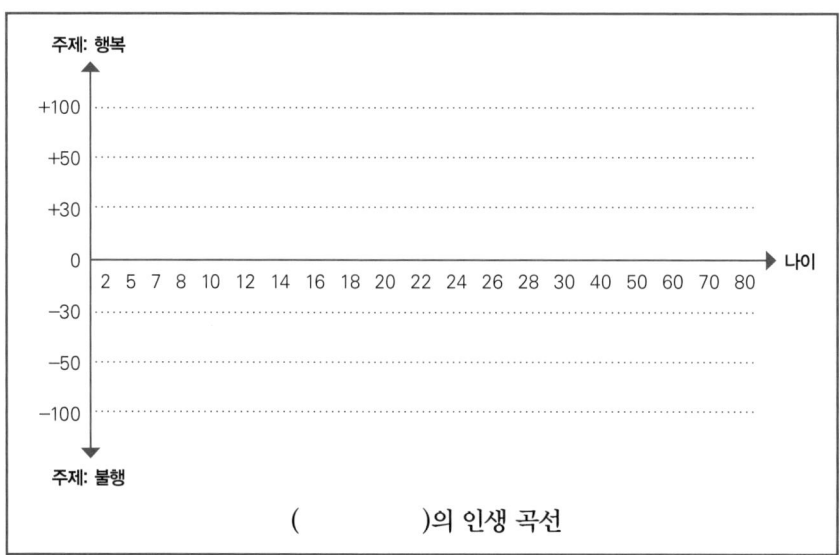

(   )의 인생 곡선

2
비합리적 신념 심리 검사

비합리적 신념	내용
인정 욕구(%)	나를 아는 모든 중요한 사람들로부터 사랑과 인정, 이해를 받아야만 가치 있는 사람이다.
의존성(%)	내가 의지할 만한 강한 누군가가 항상 있어야 한다.
지나친 타인 염려(%)	사람이라면 다른 사람의 문제나 어려움에 대해 항상 신경을 써야 한다.
비난 경향(%)	나에게 해를 끼치거나 악행을 저지르는 사람들은 반드시 비난과 처벌을 받아야 한다.
높은 자기기대감(%)	내가 가치 있는 사람이 되기 위해서는 모든 영역에서 완벽하고 유능하며, 적절한 성공을 거두어야 한다.
좌절 반응(%)	일이 내 뜻대로 진행되지 않는다면 이는 끔찍한 일이고 나는 아무런 가치가 없을 것이다.
완벽성(%)	모든 문제에는 언제나 바르고 완전한 해결책이 있으며 내가 그것을 찾지 못하면 큰일이다.
정서적 무책임(%)	인간의 불행은 외적인 조건(운명)에 의한 것이며 그것을 통제할 수 없다.
문제 회피(%)	삶의 어려움이나 책임은 직면하는 것보다 회피하는 것이 더 편하다.
무력감(%)	개인의 과거 경험은 그 사람의 현재 행동을 결정하며 사람은 과거의 영향에서 벗어날 수 없다.
과잉 불안(%)	위험하거나 두려운 일이 일어날 가능성을 늘 생각하고 있어야 한다.

3
미안한 마음, 고마운 마음, 세 가지 이상 표현하기

	아내가 남편에게	남편이 아내에게
미안한 마음	1. 2. 3. 4. 5.	1. 2. 3. 4. 5.
고마운 마음	1. 2. 3. 4. 5.	1. 2. 3. 4. 5.

※ 작성한 후 번갈아 가며 읽는다.

부모 양육 태도 검사지

4

문항	양육 태도 질문	체크	양육 방식
1	아이들은 슬퍼해야 할 일이 별로 없어야 한다.		축소 전환형 ( )
2	자기가 억제할 수만 있다면 분노(화나는 감정)를 느끼는 것은 괜찮다.		
3	내 아이가 슬퍼하면 무슨 수를 써서라도 아이를 슬픔에서 벗어나게 해 주고 싶다.		
4	나는 한가하게 슬픔 같은 감정에 시간을 빼앗기고 싶지 않다.		
5	아이들이 슬퍼할 때 무관심하게 그냥 놔두면 대부분 저절로 사라지면서 알아서 해결된다.		
6	자기가 통제할 수만 있다면 슬픔이라는 감정을 느끼는 것은 괜찮다고 생각한다.		
7	슬픈 감정은 빨리 극복하고 벗어나야 한다.		
8	아이가 너무 오랫동안 슬퍼하지만 않는다면, 나는 아이의 슬픔을 잘 다룰 수 있다.		
9	아이들은 때때로 어른들의 동정심을 유발하기 위해 일부러 슬픈 것처럼 행동한다.		억압형 ( )
10	아이가 화를 낼 때는 아이를 그 상황에서 격리시켜 얼마간 반성의 장소에서 반성의 시간을 갖도록 하는 벌칙 'time-out'을 주는 것이 좋다.		
11	아이들은 울거나 짜증내는 등 슬픔을 표현하면 버르장머리가 없어지기 때문에 그런 행동은 좋지 않다.		
12	화는 위험한 감정 상태다.		

문항	양육 태도 질문	체크	양육 방식
13	화는 대부분 공격성을 불러온다.		억압형 ( )
14	아이들은 종종 자기의 뜻을 이루기 위해 슬픈 척한다.		
15	아이는 화를 낼 때마다 버르장머리가 없어진다.		
16	나는 내 아이가 화내는 것의 허용 범위를 정해 둔다.		
17	화가 날 때는 밖으로 표현해야 한다.		
18	내가 만일 슬픔에 대해 아이에게 가르쳐 줄 게 있다면, 그건 바로 슬픔을 표현해도 된다는 것이다.		
19	나는 슬픔을 다른 감정을 바꿀 수 있는 방법에 무엇이 있는지 잘 모르겠다.		
20	아이가 슬퍼할 때, 아이를 위로해 주는 것 말고는 내가 할 수 있는 일이 별로 없다.		방임형 ( )
21	아이가 슬퍼하고 있을 때, 무슨 일이 있든지 언제나 나는 아이를 사랑한다는 사실을 인식시키려고 노력한다.		
22	아이가 슬퍼할 때, 아이가 나한테 무엇을 어떻게 해 주길 바라는지 도무지 모르겠다.		
23	나는 화라는 감정에 대해서 아이에게 특별히 가르치거나 설명해 주려 하지 않는다.		
24	내가 만일 화에 대해 아이에게 가르쳐 줄 게 있다면, 그건 바로 화를 표현해도 된다는 것이다.		
25	아이가 슬퍼할 때야말로 아이와의 문제를 해결할 수 있는 좋은 기회다.		
26	화는 깊이 연구할 가치가 있는 감정이다.		
27	아이가 슬퍼할 때가 바로 아이와 가까워질 수 있는 기회다.		
28	아이가 슬퍼할 때, 아이를 슬프게 만든 것이 과연 무엇인지 찾아내도록 도와준다.		감정 코치형 ( )
29	아이가 슬퍼할 때, 나는 내가 그 기분을 이해한다는 것을 알려 준다.		
30	나는 우리 아이가 슬픔을 경험해 보기를 원한다.		
31	아이가 슬퍼하는 이유를 알아내는 것이 중요하다.		
32	아이가 슬퍼할 때, 나는 아이 옆에 앉아서 그 슬픔에 대해 함께 이야기를 나눈다.		

5
N타임 사용하기

	H Time	I Time	주말 N Time 사용하기
월			
화			
수			
목			
금			
비고	부부가 약속하기 가정에서 할 일 정하기	매일 30분~1시간 명상 (QT 또는 명상)	오전 N Time / 오후 N Time / 저녁 시간 with **N Time 사용하기**

활동 예시)

	H Time	I Time	주말 N Time 사용하기
월	남편-아내 과제 실천하기 (청소년-과제하기)	부부 개인 1시간 명상 청소년-일기 쓰기 또는 명상	
화	남편-아내 과제 실천하기 (청소년-과제하기)	부부 개인 1시간 명상 청소년-일기 쓰기 또는 명상	오전 N Time / 오후 N Time / 저녁 시간 with N Time 사용하기
수	남편-아내 과제 실천하기 (청소년-과제하기)	부부 개인 1시간 명상 청소년-일기 쓰기 또는 명상	
목	남편-아내 과제 실천하기 (청소년-과제하기)	부부 개인 1시간 명상 청소년-일기 쓰기 또는 명상	
금	남편-아내 과제 실천하기 (청소년-과제하기)	부부 개인 1시간 명상 청소년-일기 쓰기 또는 명상	
비고	부부가 과제 정한 후 가정에서 일과 후 실천하기 (예: 육아, 빨래, 청소 등)	매일 30분~ 1시간 명상 (QT 또는 명상)	